シリーズ●安全な暮らしを創る 8

自然の恵みのやさしいおやつ

河津由美子

コモンズ

はじめに

母が工夫して作ってくれたおやつの色や形を、いまになってもはっきり覚えているから不思議です。モノのない時代でしたが、ありあわせの材料で焼いてくれたお好み焼き風や、お砂糖を煮詰めてからめた大学イモ、冷蔵庫が普及してからはシャリシャリのアイスクリンなど、母のあたたかい気持ちがこもったおやつでした。

そんなときを過ごしてきた私たちと比べて、最近の子どもたちは、甘いお菓子に安くて便利なファースト・フードと、ほしいものは何でも手に入れられます。しかし、そうしたお菓子や食べ物の一方では、肌の弱いアトピーの子や、肥満の子が増えているのです。「飽食の時代」といわれて久しい現在、私たちは何を大切にしていかなければならないのでしょうか。この子たちは、私たちが見落としてしまった大切なものを気づかせるために、赤信号を送っているのかもしれません。

私自身、アレルギー症状をもつ息子の母親でした。息子が小さいころは、口あたりのよい市販のおやつを食べたがり、なんとかそれに変わるものをと悩んだ一人です。そして、私の母や祖母の世代が、子どもや孫に食べさせていた昔ながらのおやつを調べて、いくつか作ってみました。お金をかけず、家にある材料で、焼いたり蒸したり、そのときの子どもの体調に合わせて、ほんの少し手をかけて。

すると、ちょっとした工夫で、素材の味を生かしたおいしいおやつができることがわかりました。見た目は悪くても、色鮮やかにできなくても、手作りのおやつは、なぜか市販のお菓子とは比べものにならないほどおいしくて、あたたかいのです。

もともと台所仕事は好きでしたが、子どもをもってみて「いろいろなおやつを人に頼らず自在に作れたら、子どもも自分も楽しいだろう」と改めて感じ、お菓子の勉強を本格的に始めます。パン作りから入り、洋菓子、和菓子と勉強していきました。そのうち、自分と同じ気持ちでお菓子作りに携わっている人たちがいることを実感。みんなが集まれる場所があったらいいなあと考えて、お菓子工房「くうぷ」を開きました。いまは和菓子を中心に教えていて、素朴なまんじゅうや蒸しパン、葛餅などをみなさん喜んでくださいます。

この本は、30分でできる自然派おやつ、昔ながらのやさしいおやつ、おもてなし・行事のおやつの３章からなっています。「忙しい、でも安全な素材で簡単にできるおやつが知りたい」というお母さんから、「あんも手作りしたい、いろいろなケーキを焼いてみたい」という本格派のお母さんまで、体にやさしく、作るのもやさしいバラエティに富んだレシピをたくさん紹介しました。子どもに多いといわれるアレルゲン、卵・牛乳・動物性油脂を使うおやつは、できるだけ代替レシピも用意しました。

ぜひ、お子さんといっしょに、楽しんで作ってみてください。そして、本書のレシピをもとに、みなさんの家庭の味にしていただければ、とてもうれしいです。

また、食品添加物や遺伝子組み換え作物の問題点、健康によくおいしい粉や砂糖の使い方などをコラムでていねいに説明し、巻末には安心できる自然食材が手に入る生協・宅配＆共同購入会・店舗の一覧も載せました。

なお、本書で設定しているオーブンやオーブン・トースターの温度と時間は、あくまでも目安です。機種によって多少違いがありますので、ご家庭の機種に合わせてください。同じく、素材の大きさ・厚さ・水っぽさによって、若干火の通りも違います。示した時間を目安に調整してみてください。

最後に、本書を執筆するにあたって、お世話になった次の方々に御礼を申し上げたいと思います。

子どもにとっての手作りのおやつの大切さについて、わかりやすい序文を書いてくださった三宅小児科・アレルギークリニック院長の三宅健先生。コラムで専門的な知識をていねいに教えてくださった、大地を守る会の野田克己さん、環境ジャーナリストの天笠啓祐さん、栄養士の小林あけみさん（私立たつの子保育園、東京都）。本書にぴったりの素敵なイラスト・デザインを担当してくださった日高真澄さん。本書を企画・編集し、頼りない私をしっかり支えてくださった高石洋子さん。的確なアドバイスをくださり、発行までこぎつけてくださったコモンズ代表の大江正章さん。皆様に対する感謝の気持ちでいっぱいです。ありがとうございました。

2001年初秋

河津　由美子

CONTENTS

CONTENTS

CONTENTS

第3章　おもてなし・行事のおやつ　89

カバー・本文イラスト　日高真澄

☘☘手作りのおやつが一番です☘☘

三宅　健
（三宅小児科・アレルギークリニック院長）

子どもは活発に動き、体もグングン大きくなるため、多くの栄養を必要とします。三度の食事の間に栄養の補給をするのがおやつです。また、食事とは違った味や食材を楽しむことも欠かせません。だから、栄養があって変化に富んだおやつを食べさせることは、とても大切です。

しかし、市販のお菓子には、さまざまな添加物、ジャガイモやトウモロコシのように安全性の確認されていない遺伝子組み換え作物が含まれていたり、多くの砂糖や塩が使われています。たとえ忙しくても、ほんの少し手間をかけて、おやつを作ってあげませんか。

人は、食べなくては生きていけません。でも、食べることには三つのリスクがあります。

第一に、食中毒。食べものに細菌やウイルスがついていると、嘔吐や下痢、発熱といった症状が現れます。食中毒を予防する基本は加熱です。焼く、煮る、蒸すという手間をかけることで、安全に生活できます。

第二に、化学物質による汚染。ダイオキシンや環境ホルモンは、その代表格です。この問題は、買い物するときに、より安全な食材を選ぶしか対処法はありません。表示がなければ外見ではわからないので、むずかしい問題といえるでしょう。

第三に、アレルギー。アレルギーがあると、じんましんが出たり、かゆくなったり、呼吸が苦しくなったりします。アナフィラキシーショックといって、意識がなくなって命にかかわる場合さえあるほどです。また、アトピー性皮膚炎が出たり、悪化することもあります。

私自身もエビやカニなどの甲殻類と、イカ・タコ・貝類などの軟体類に、アレルギーがあります。アレルギーのない人にとっては、エビやイカはおいしく、栄養価の高い健康食品かもしれません。でも、私にとっては不健康食品なのです。このように食物アレルギーの原因（アレルゲン）となる食べものは、人によって違いがあるため、何にアレルギーがあるかを確かめるのは大切なことです。

アレルギーがあるときは、除去が基本です。まず使われている成分をチェックしてください。軽い場合は、食べる量を制限したり、熱を加えるなどの工夫で十分に

対応できます。一般的には加熱することで、アレルギーは起きにくくなります。この本では、ほとんど火を通したおやつが紹介されています。

食物アレルギーは子どもに多い病気です。とくに、小学校に入学する前の乳幼児によく見られます。アレルゲンとしてもっとも多いのが卵で、牛乳、小麦、大豆も代表的なアレルゲンです。

卵や牛乳などのアレルギーはたいてい乳幼児に起こりますが、この二つの除去は簡単ではありません。市販のお菓子には卵や牛乳が多く使われているため、なかなか食べさせることができません。あるお母さんは、こう話していました。

「この子は卵や牛乳のアレルギーがあるので、おやつはおせんべいかグミキャンディーにしています」

この話でもわかるように、おやつのワンパターン化がお母さんたちの悩みのようです（ちなみに、グミキャンディーの成分であるゼラチンも、まれにアレルギーを起こすことがあります）。

幸い、卵や牛乳のアレルギーは、年齢とともにアレルゲンに対するIgE抗体（人にアレルギー症状を起こす抗体。たとえば、卵アレルギーの子は、卵に対するIgE抗体をもっている。卵を食べると、それを排除しようとしてIgE抗体が反応し、かゆみという症状が現れる）が低下して、アレルギーがよくなり、食べられるようになります。軽い場合は１歳半をメドに、ひどくてもたいていは３歳くらいをメドに、食べても症状が出なくなります。

一般に、小さいころに覚えた味覚は忘れないといわれています。市販の濃い味のお菓子に慣れて、素材そのものの味が物足りなくなったり、油や砂糖が多く、遺伝子組み換え作物も使われているファーストフードに慣れてしまうことは、アレルギーのある子どもだけでなく、すべての子どもにとって好ましくないでしょう。

育児に追われて、おやつにまでなかなか手が回らないのが、現状のようです。でも、お母さんの手作りが一番安全なのは、間違いありません。

この本は、自然の恵みの素材を使って、子どもの健康を考え、アレルギーをもつ子どもにも配慮した、手軽にできるおやつの作り方を紹介した本です。取り上げられたメニューは、育ち盛りのすべての子どもたちが安心して食べられるものなので、きっと役に立つと信じています。たくさんの子どもたちが、安全で変化に富んだおやつを楽しめるように願っています。

お菓子用語の解説

　料理用語には独特なものがあります。初心者には耳慣れない言葉もあるでしょう。この本で何回か出てくるお菓子づくりの言葉を中心に、まとめて説明しておきます。

あら熱を取る
手でさわれるくらいまで冷ますこと。

打ち粉(手粉)
クッキーの生地などが台やめん棒にくっつかないように、小麦粉や片栗粉などを台に軽く振ること。打ち粉をしすぎると生地に粉が入り、焼きあがりが固くなるので、気をつけること。茶漉しを使ってふるうと、粉がまんべんなく薄く広がる。生地と同じ種類の粉（薄力粉、強力粉、片栗粉など）でよい。

生地(たね)
材料を混ぜ、加熱して仕上げる前の状態。クッキーなら固形だし、お好み焼きなら液状。

クリーム状
バターやマーガリンなどを空気を含ませながらよく混ぜて、白っぽいクリーム状にトロッとなった状態。

コーティング
チョコレートやシロップなど液状のものを、ケーキやクッキー、果物にぬり、固まらせること。

室温に戻す
バターや牛乳など冷蔵庫に入っている冷たい材料を室内に置き、常温（23度くらい）にしておくこと。バターなどは扱いやすくなる。

すり混ぜる
木べら、すりこぎ、泡だて器などで、材料をボールにすりつける感じで混ぜること。

ダマになる
水分の多い生地などを、粉をふるわずに一度に入れたとき、ところどころ粉の固まりができること。粉がなじまず、よい生地ができない。

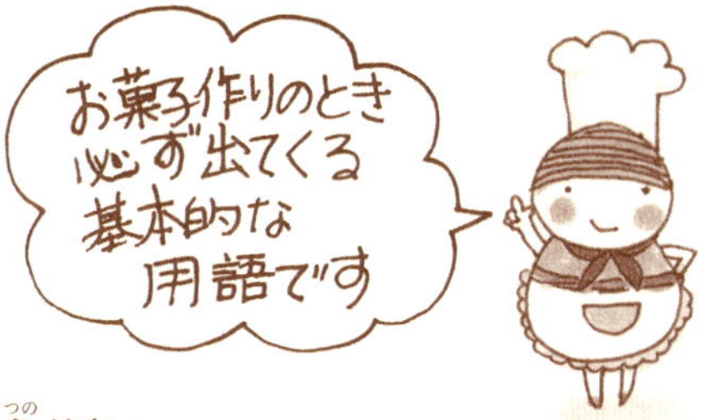

お菓子作りのとき
必ず出てくる
基本的な
用語です

角(つの)が立つ

生クリームや卵白の泡だて状態。泡だて器で持ち上げると、先がピンと立つこと。

ぬり黄身

卵黄を少量の水やみりんなどで伸ばし、ハケで焼く前のパンやケーキの表面にぬること。焼きあがりにつやが出ておいしそうに見えるのはもちろん、乾燥を防ぐ役目もある。

ねかせる(やすませる)

生地をひとつにまとめて一定時間置き、混ぜた材料をなじませること。作るものによって、涼しいところ、暑いところ、冷蔵庫内と、置き場所は異なる。

ひとつまみ

とても少量で、計量できないときに使う表現。人差し指と親指でつまんだ量。ちなみに、ふたつまみは、親指、人差し指、中指の3本でつまんだ量のこと。

ふるい入れる

粉ふるい器を通して直接、作りかけの生地が入ったボウルの上から、粉や砂糖などをふるうこと。

メレンゲ

卵白に砂糖を入れてよく混ぜ、かたく泡だてたもの。

面取り

野菜を煮るときに、角(かど)を取って、丸く滑らかな状態にすること。角があると、素材同士がぶつかって煮崩れしやすくなる。

湯せん

鍋やボウルに入れた熱湯の中に、材料の入った鍋やボウルの底を当てて、温めたり溶かしたりすること。

おやつ作りに必要な調理用具

本書で紹介したおやつは、基本的に特別な調理用具を必要としていません。したがって、すでにお持ちの用具も多いと思います。持っていないものがあれば、これを機会にそろえるといいでしょう。

泡だて器

お菓子作りになくてはならないもの。普段のお料理にも使えます。使うボウルの直径と泡だて器の長さが同じくらいだと、使いやすいです。力がかかるものなので、できれば丈夫なつくりのものを。700円くらいから。

ゴムべら

最近はシリコン製で、200度まで使える便利な製品が出回っています。生地をさっくり混ぜたり、ボウルの中身をきれいにムダなく取れるので、いろいろな場面で使えます。できれば、大小１本ずつほしいですね。500〜1000円。

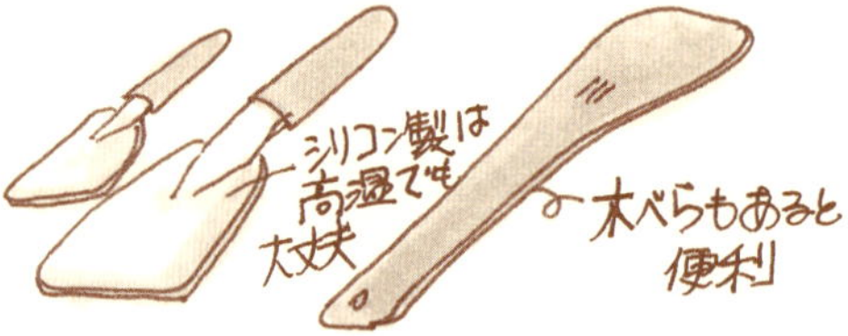

めん棒

生地を均等に伸ばすのに便利。30〜40cmの木製が１本あるといいでしょう。700〜800円。

蒸し器

新たに買う場合は、直径20cm以上で、２段になっているものがお勧めです。2000円くらいから。どんな鍋でも合わせられる万能蒸し器もあり、ステンレス製（直径16〜24cmに対応）で780円程度。

上の段に蒸すものを入れる
下には水

片手鍋

厚手の中くらい（15〜18cm）の鍋があると便利です。ホーローが一般的で1500円くらい。打ち出しの雪平鍋でもよい。

粉ふるい

周囲に飛び散らないし、均等にふるえるので、ひとつほしいですね。500〜600円。

計量スプーン

大さじ、小さじ１つずつは、そろえましょう。ステンレス製のセットで300円くらいから。

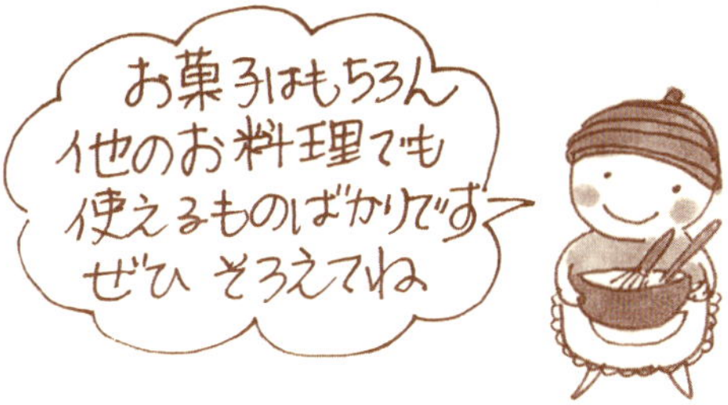
お菓子はもちろん
他のお料理でも
使えるものばかりです～
ぜひ そろえてね

計量カップ
プラスチックとステンレス素材があります。熱いものを計るときに環境ホルモンが溶け出さないように、ステンレス素材のほうがよいでしょう。200cc（1カップ）、500cc（1/2ℓ）などがあり、ステンレス製で400円くらいから。

ボウル
直径15cm、18cm、24cmの3種類があると便利。あまり大きな物は使いづらい。泡だて器でガチャガチャと泡だてたりと傷つきやすいので、多少値がはっても丈夫なものを。ステンレス製で650～1300円。たまに、スーパーで安くセット売りしています。

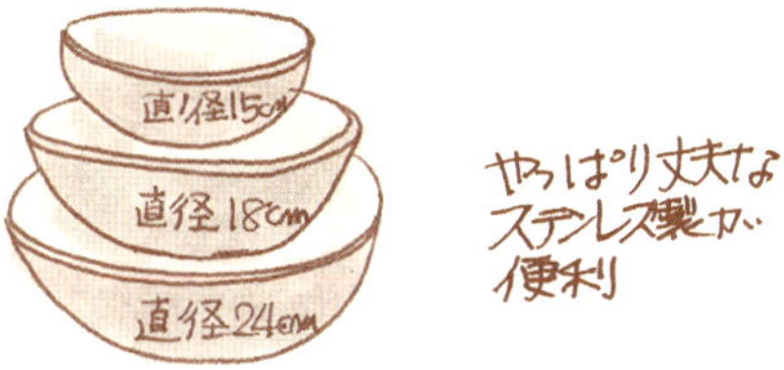
直径15cm
直径18cm
直径24cm
やっぱり丈夫な
ステンレス製が
便利

ケーキの焼き型
直径18cmくらいが一番、使いやすいでしょう。ひっくり返さなくても出しやすい、底が抜けるタイプがお勧めで、錆びにくいステンレス製がベター。直径18cm、500～600円から。パウンド型も1つあると、ケーキやお料理に使えます。小さいもので400円から。

底が抜ける
タイプが
便利

キッチンペーパー
油を吸い取らせたり、油を薄くひいたりするときに利用。もっと気軽に使えるキッチンタオルも便利。1本100円から。

クッキングシート（使い捨て）
蒸し物、オーブン料理、電子レンジ、鍋などに直接敷き込んで、その上に材料をのせると、器具にこびりつかず、汚さずに使用できます。型に合わせてカットすれば、ケーキ型にも敷き込めます。1巻き200～300円。スーパーで手に入ります。

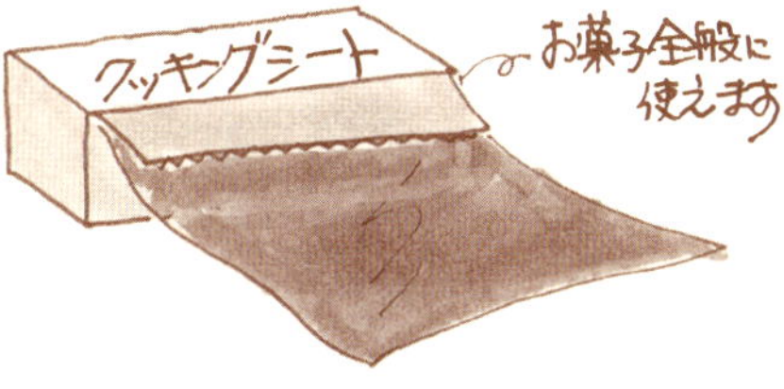
クッキングシート
お菓子全般に
使えます

おやつ作りにあると便利な調理用具

「なくてはならないもの」ではありませんが、「あったほうが便利」というものも、いくつかあります。

電動ミキサー
お菓子作りでもっとも大変なのは泡だてること。慣れていないと、腕が疲れてしまいます。とくにケーキのスポンジ作りで、ふっくらした仕上がりにするには、よく泡だてることが大切。2000円くらい。

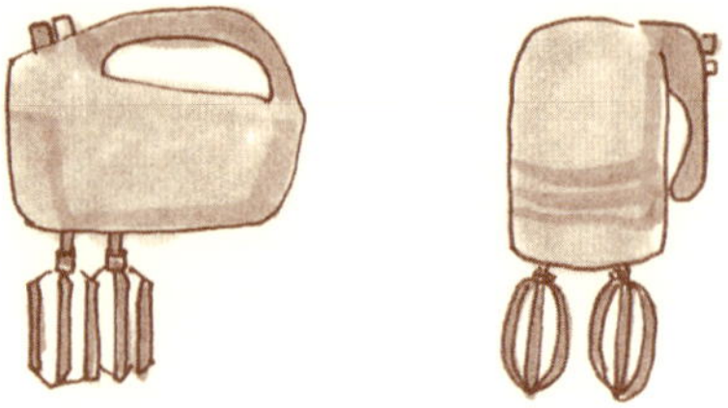

バット
あん作りや生地をねかせるときに便利です。コロッケやハンバーグのたねをのせたり、揚げ物をのせたりと料理にも使えるので、1〜2枚あるといいですね。30×20cm程度のものが使いやすいく、400〜500円くらいから。

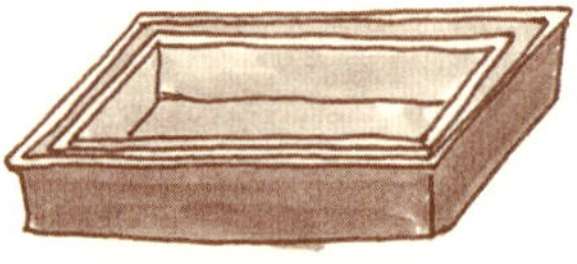

パレットナイフ
デコレーションケーキを作るときやクリームをきれいに伸ばすのに便利。クッキーを天板から取り出すときも使えます。

流し型
四角い流し型は中くらいの大きさ（15〜17cm）で、ほぼ正方形が便利。ようかんや寒天寄せにも使え、きちんとした直角ができ、きれいに仕上がります。800円から。ステンレスのプリンやゼリー用流し型も、いくつかそろえておきたい。1個180円くらいからで、5〜6個セットは500円程度。

型抜き
星やハートなどクッキーの型抜きは、お弁当のお惣菜の型抜きにも応用できます。6個セットで500円くらい。

絞り袋&口金
絞り袋は何度も洗って使えるポリエチレン製や布が主流。小さいとクリームが入れづらいので、中くらいの大きさが使いやすいでしょう。口金は星型と円型を。ポリエチレン製の絞り袋と口金のセットで500円くらいから。

お菓子作り
おたすけ
グッズです
やっぱりあると
便利ね

盆ザル
そばやうどんを盛るのに使いますが、お菓子作りでは、蒸し物の熱を冷ますとき蒸れなくて便利。中くらいの大きさがお勧めです。直径30cmが900円から、36cmは1400円から。

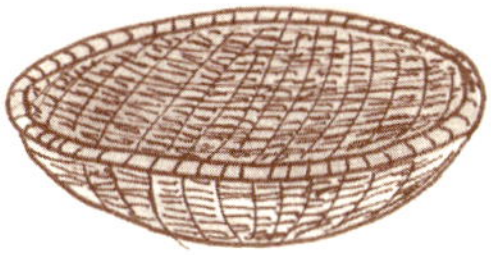

金ザル
プラスチックでない、しっかりしたステンレス製のザル。蒸し物にもぬれぶきんを敷き込んで使えます。あんを作るときのこし器代わりにもなるし、料理にも重宝します。直径16〜18cmで、1000〜1500円。

ストレーナー(万能こし器)
こしたり、裏ごししたり、粉などをふるったり、多目的に使えます。力が入るので、持ち手がすぐにそらない丈夫なものを選んでください。直径18cmで、2400円くらい。

ハケ
生地についた余分な粉を払ったり、生地につや出し用の卵をぬったりするのに、使います。あまり安いと毛が抜けたりコシがなかったりするので、600〜700円くらいからのものを。

スケッパー
粉にバターを切り混ぜたり、生地をまとめたり、分割したり、平らにならすときに、使います。和菓子のあんも同様にできます。材料をのせて移動させたり、テーブルの上の粉などの掃除にも使えて便利。プラスチック製のほうが安いけれど、安全性を考えてステンレス製を。500円くらい。

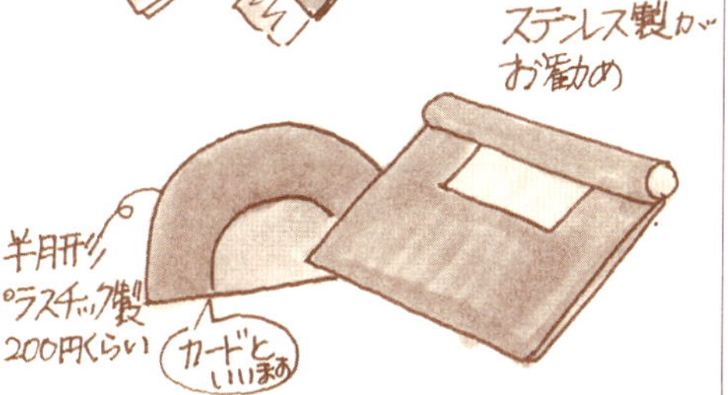
ステンレス製が
お勧め
半月形
プラスチック製
200円くらい
カードと
いいます

オーブンペーパー
表面が加工してあり、オーブン皿にのせて何回でも洗って使える、丈夫な紙のようなもの。自宅のオーブン皿用にカットして使えます。1枚300〜400円。

オーブンペーパー

COLUMN

手作りのおやつで子どもが変わる

三度の食事が必要な栄養源とするなら、おやつは心を癒してくれるものです。おとななみに忙しい最近の子どもには、ホッとするひとときでもあるでしょう。もちろん、小さい子どもは食事量が少ないので、不足した栄養分を補うという大切な意味もあります。

日本のおやつの原点は、お米や小麦粉、おイモを使ったものでした。ふかしイモ、味噌おにぎり、ポン菓子（残りご飯を干し、鍋に熱した砂糖にからめたもの)、お焼き……。お母さんたちは蒸したり干したり焼いたり工夫して、かわいい子どもに作ってあげていたんですね。いまは、すぐに食べられるキレイなお菓子が簡単に手に入ります。でも、キレイなものには毒があるし、「おやつ＝市販のお菓子」に変わりつつあり、寂しさと同時に怖さを感じませんか。

「おやつって、ただお金を出して手に入れるものではないんだよ。こんなに楽しくおいしいおやつが手作りできるんだよ」ということを、ぜひ子どもたちに教えてあげてほしいと思います。残りご飯でお焼きを作ったり、おイモをふかしたりするだけでもいい。子どもは、自分のために用意してくれたおやつは、忘れないでしょう。少なくとも、私はそうでした。

だから、ひと手間かけておやつを作り、子どもの心にお土産をもたせて、成長させてほしい。おやつは、子どもの心を温かくし、家の中に自分の居場所をしっかり見つけさせてくれるような気がします。

また、いまの子どもたちの多くは、「食べること」と「作ること」とが切り離されています。「大地を守る会」で広報を担当し、ずっと有機栽培生産者と宅配サービスを受ける消費者の生の声をすくいあげてきた野田克己さんは、親子で食にかかわることの大切さを、こう話されました。

「ぜひ、子どもとともに直接素材に触れ、においを嗅ぎ、鮮度を確かめ、素材を見極める知恵や大切さを教えてほしい。たとえばキャベツの千切りだって、一枚ずつ葉っぱをめくっていけば、『あっ、ここ傷んでる』と発見できます。『食べものを大切にしなさい』とお説教するよりも、実際にキッチンにいっしょに立つ、できればもう一歩進んで生産現場に連れて行き、作物の育つ過程を知る。すると、子どもの食べものに対する見方が変わってくるはずです」

毎日でなくてもいいんです。子どもと作ること・食べることを楽しみながら、手作りおやつがある家庭にしてほしいなあと思っています。

第1章

30分でできる自然派おやつ

練りごまで作れる、コクのあるクッキー

ごまクッキー

【材料】30個分
◆無塩(有塩でもよい)バター40g(大さじ3強、室温で柔らかくしておく)◆練りごま(市販のビンに入ったもの)60g(大さじ3～4)◆砂糖60～80g(大さじ6.5～9、お好みで)◆卵中1個(よくほぐしておく)◆重曹小さじ1/3と水小さじ1/2(使うときに混ぜる)◆薄力粉150g(カップ1.5)とベーキングパウダー小さじ2/3(いっしょにふるっておく)◆手粉(薄力粉)少々。

【作り方】
①バターと練りごまをボウルの中に入れ、泡だて器でクリーム状になるまで混ぜる。
②砂糖と卵は2～3回に分けて①に混ぜ入れ、さらに水に溶いた重曹を入れて混ぜる。
③ふるった薄力粉とベーキングパウダーを②に加え、ゴムべらなどで粉をなじませるようにしながら、切るように混ぜ、ひとまとめにする。
④手粉(薄力粉)を少し振ったまな板の上に③を出し、棒状にして30個にカットする。
⑤1つずつ丸めてから手のひらで軽く押し、平たく均一にしてオーブンペーパー(なければ薄くバターをひく。アルミホイルでもよいが、くっつきやすい)を敷いた天板に並べる。
⑥180度のオーブンで、キツネ色になるまで約15分焼く。

(所要時間20～30分)

使い道が多いごま

香りがよいので、料理やお菓子作りによく利用されているほか、油の原料にもなっています。カルシウム、ビタミンB_2、ビタミンE、鉄、亜鉛、繊維などを含み、血管をしなやかにする働きがあり、最近とくに人気です。粒のままより、すったほうが、消化吸収率が高まります。また、ビン入り練りごまの使い道は、お菓子だけではありません。中華サラダのドレッシング、めんのたれ、煮物の仕上げ、ごま和えなど、いろいろな料理に使えます。ただし、最近ごまアレルギーが増えているので、注意してください。

♪体にいい食べものの話１♪
小麦粉

外国産の小麦は、倉庫での貯蔵や長距離輸送の際に虫がわかないようにするため、収穫後（ポストハーベスト）に農薬を使っており、安心とはいえません。できるだけ、国産小麦で作った小麦粉を使いましょう（28ページ参照）。そして、なるべく商品の回転の早い店で、新鮮な小麦粉を求めてください。開封したら、なるべく早く使いきることも大切。

代替レシピ

バター（動物性タンパク）を使わないでもOK

マーガリン、菓子用ショートニング（植物性油脂）で代用します。量はバターと同じく40g（大さじ3強）で、作り方も同じです。菓子用ショートニングを使うと、サックリとした仕上がりに。バターと半量ずつ使ってもいいですね。

フレークのサクサク感が楽しい

コーンフレーククッキー

【材料】15〜20個分

◆無塩（有塩でもよい）バター40g（大さじ３強、室温で柔らかくしておく）◆砂糖40g（大さじ4.5）◆レーズン30g（大さじ４〜５、洗って刻んだもの）◆卵小１個（よくほぐしておく）◆薄力粉50g（大さじ６強）とベーキングパウダー小さじ1/2（いっしょにふるっておく）◆コーンフレーク（プレーンのあまり甘くないもの）40g（山盛り大さじ12）。

【作り方】

①ボウルにバターを入れ、空気を含ませる感じで、泡だて器でクリーム状になるまで混ぜる。

②砂糖を一度に入れ、よく混ぜる。

③ほぐした卵を2〜3回に分けて入れる。

④よく混ざったところに、ふるった粉を入れる。

⑤ゴムべらで切るように混ぜ、コーンフレークと刻んだレーズンを入れて軽く混ぜる。粉っぽさがなくなる状態にする。

⑥スプーンですくって、オーブンペーパー（なければ、アルミホイルでもよい）にひと固まりずつくっつかないように置き、180度くらいのオーブンで約15分、キツネ色になるまで焼く。

⑦網などにとって冷ます。

（所要時間20〜30分）

《一言メモ》

子ども向けの砂糖のかかった甘いコーンフレークを使う場合は、甘さを加減して！　砂糖を入れなくてもかまいません。

バターを使わない場合はマーガリンで代用可能。量と作り方はバターと同じです。

無添加のレーズンを使おう

ブドウは、干したほうが甘味が強くなり、鉄、ビタミンB_1、繊維も多くなります。レーズンは、スーパーやデパートの製菓コーナーなどで手に入ります。全体に植物油（原料が遺伝子組み換えの危険がある）でまぶしてありますので、有機JASマークのものや出所のしっかりしたものかどうか、よく確かめてください。

♪体にいい食べものの話２♪
卵とコーンフレーク

卵は３大アレルゲンのひとつとして悪者にされがちですが、新鮮で安全な卵は良質のタンパク質を含み、栄養があります。現在は、一カ所にたくさんの鶏を押し込めて、抗生物質を使い、卵を産ませている養鶏場が多くなりました。とはいえ、ヒナのときから広い鶏小屋で動き回らせて育て、遺伝子組み換えされていないトウモロコシや大豆をエサに使っている、こだわりの生産者もいます。そうした安全な卵を手に入れましょう。

市販されているコーンフレークには、添加物がたくさん入っているし、遺伝子組み換えトウモロコシが使われている場合が多いので、あまりお勧めできません。できれば、自然食材専門店や、無農薬・有機栽培野菜などの共同購入や個人宅配などで買いたいものです。市販を使うときは、①乳化剤や酸化防止剤などの添加物が少ない、②国産のトウモロコシを使っている、③有機 JAS マークが付いている、を判断基準に選びましょう。

カリッとして中身ふんわり

ポテト・ボール

【材料】 14〜15個分
◆ジャガイモ250g（大１個。ゆでて熱いうちによくつぶし、塩・コショウで下味をつけて、冷ましておく）◆卵中１個（よくほぐしておく）◆薄力粉50g（大さじ６強、ふるっておく）◆粉チーズ大さじ１◆パセリ少々（みじん切り）◆揚げ油（植物油）適量。

【作り方】
①下味をつけたジャガイモに、卵、粉チーズ、パセリを加え、ゴムべらで混ぜ合わせる。
②薄力粉を①に入れて混ぜ、ベッタリとした生地を作る。
③植物油を160〜170度に熱し、②をスプーンで親指大くらいの量を取り、丸い形にして落とし、キツネ色になるまで揚げる。　（所要時間20分）

《一言メモ》
　絞り袋（デパート、大型スーパーの製菓コーナーで手に入る）がある場合は、生地を絞り袋に入れ、ひとつずつポトッと丸く落としましょう。簡単にきれいに丸くできて、便利です。

電子レンジは多用しない

　有名な料理人でさえ、テレビなどで電子レンジを使った料理を勧めています。しかし、電子レンジから出る電磁波は体によくありませんし、素材によってはパサついてしまうこともあります。また、レンジで素材を加熱するときはたいていラップを使いますが、これも環境ホルモンが溶け出したり、ごみとして燃やすとダイオキシンを発生させたりと、使いたくない製品のひとつです（83ページ参照）。ジャガイモはレンジを使わず、なるべくゆでてください。カットしてゆでれば、わずかな時間ですむのですから……。
　なお、電子レンジを使う場合はのぞき込んだりしないで、１m以上離れると、電磁波の影響が少ないそうです。

♪体にいい食べものの話３♪ ジャガイモ

旬は、春と秋の2回。ジャガイモに含まれるビタミンBとビタミンCは、熱に強く調理しても減りにくいのが特徴です。おやつにも活用しましょう。

ただし、ジャガイモは、遺伝子組み換えが認められています。加工された状態で輸入されているもの(マッシュポテトなど)は現在のところ見分けがつかず、市販のポテト菓子や外食産業のフライドポテトなどは、遺伝子組み換え食品である可能性が高いのです。できるだけ国産原料を使うか、有機 JAS マークが付いたジャガイモ製品を選んでください(放射線照射については103ページ参照)。

プラスワンメニュー

ジャガイモが余ったら、自家製ポテトチップを

ジャガイモを薄くスライスして、水に５～６分さらします。水気をよく取ってから160～170度の油でカラリと揚げます。軽く塩を振ってもいいし、ケチャップをつけてもおいしいです。揚げ終わったら、油を190度くらいにして、もう一度さっと油にくぐらすと、よりパリッとします。

30分でできる
自然派おやつ

いろいろな味を楽しもう

中身いろいろホットケーキ

【材料】直径12cmくらいのもの２枚分
◆薄力粉100g（カップ１）◆ベーキングパウダー大さじ1/2◆卵中１個◆砂糖20～40g（大さじ２強～4.5）◆牛乳90cc（カップ1/2弱）◆好みの中身◆植物油少々。

【作り方】
①薄力粉とベーキングパウダーは、いっしょにふるっておく。
②ボウルに卵、砂糖、牛乳を入れ、泡だて器などで混ぜ合わせる。
③②に①を入れ､ダマにならない（固まりが残らない）ように混ぜ合わせる。
④リンゴやカボチャなど好きな具を入れる（下記参照）。
⑤植物油を薄くひいたフライパンに④の半分を流し入れ、ふたをして弱火にし、こがさないように両面をこんがり焼く。できあがったら、残りの半分も同じように焼く。　(所要時間20分)

〈中身､分量はお好みで〉
リンゴ１個……薄いいちょう切りにして入れる。レーズンを加えてもよい。
カボチャ小1/8くらい……薄くいちょう切りにして入れる。
サツマイモ中1/2本……薄くいちょう切りにし、水に５～６分さらしてから入れる。
味噌大さじ１……しその葉の細切りといっしょに加えると、和風テイストに。
砂糖をつぶつぶの黒砂糖に替えて多めに入れ、そのまま焼いてもよい。

《一言メモ》
「忙しいけれど、素材にこだわりたい」という方には、添加物が入っていないホットケーキミックスがお勧め。自然食材専門店や、無農薬・有機栽培野菜などの共同購入や個人宅配などで扱っている場合もあります。

代替レシピ
卵抜きホットケーキ……卵抜きで甘味も控えめ
＜材料＞薄力粉100g（カップ１）、ベーキングパウダー大さじ1/2、砂糖または黒砂糖10～20g（大さじ1強～2強）、牛乳120cc。
＜作り方＞は卵入りの場合と同じ。

♪体にいい食べものの話4♪
牛乳

大手乳業メーカーによる食中毒事件は記憶に新しいですね。小さな子どもも被害にあい、やりきれない思いです。利益をあげるために原料を再利用したり、製造工程を省いたりするメーカーもあるということを肝に銘じ、確かな商品を選びたいものです。

なお、大部分の牛乳は高温殺菌されています。短時間で大量処理が可能なため、広く普及してきました。しかし、過度の熱処理によって牛乳が本来もつ風味が損なわれるばかりでなく、消化吸収のよいカルシウムが破壊される、無害な菌まで死滅する、ビタミンB_2が損失するという報告があります。

栄養分が損なわれず、生乳により近くておいしいのは、低温殺菌牛乳です。手間がかかるため、大手メーカーには普及していませんが、日本ではじめて開発した島根県の木次（きすき）乳業など中小メーカーの製品は販売されています。おいしい低温殺菌牛乳を選びたいですね。

COLUMN

この本で使う粉類について

①小麦粉

料理やお菓子作りに広く使われ、原料は小麦。タンパク質であるグルテンの含有量によって、次のように分けられます。

(ア)強力粉　タンパク質がもっとも多い。粘りが強く、パンやパイなどの材料になる。

(イ)中力粉　タンパク質が強力粉より少なく、粒子が細かいのが特徴。うどんなどに使われる。

(ウ)薄力粉　タンパク質がもっとも少ない。粘りが弱く、ケーキ、クッキーなどあらゆるお菓子向き。

「アレルギーって、タンパク質に反応すると思っていたのに、どうして植物の小麦で反応するの？」と不思議に感じていた方もいるのではないでしょうか。実は、小麦にもタンパク質が含まれているんですね。当然、小麦タンパクに反応する人もいるわけです。ですから、心配な人は、タンパク質の多い強力粉より、タンパク質の少ない薄力粉から試してみるといいでしょう。

小麦粉を買うときは、できるだけ国産小麦を使っているものにしてください。輸入小麦は、輸入途中で傷んだり虫がわいたりしないように、収穫後に農薬をかけて（ポストハーベスト）輸送しているからです。ポストハーベストには、日本で認められていない農薬が使われている心配があります。国産の無農薬小麦を使った小麦粉が理想的です。以下のいろいろな粉を含めて、どこで栽培された原料を使っているのかがわかるものを選んでください。

また、湿気や虫に要注意。乾燥剤を入れた缶や密閉容器に保存し、早めに使いきりましょう。夏は冷蔵庫に入れたほうが安心です。

②上新粉・白玉粉

米を精白して粉にしたのが上新粉。団子や餅菓子などに用います。水につけたもち米をすりつぶして水にさらし、脱水して乾燥させたものが白玉粉で、モチモチした食感が特徴です。ぎゅうひ、白玉団子、みたらし団子などに用います。いずれも古くなると臭いが出てまずくなるので、使う量だけ買うのがベストです。残ったら密封容器に入れて冷蔵庫で保存し、なるべく早く使いきりましょう。

COLUMN

③くず粉

葛の根のデンプン。消化がよく、胃腸を整えてくれる働きがあり、病人食やおなかをこわしたときに利用されます。アトピーやアレルギーの子どもは胃腸が弱い場合も多いので、葛はお勧めです。ただし、本物の葛は貴重で高いため、市販のくず粉にはほとんどサツマイモデンプンが混ざっています。のどごしがよいので、葛餅、葛きりなど、夏の和菓子によく使われます。

④片栗粉

本来は、カタクリの根から採ったデンプンのこと。いまは量が少なく、市販のほとんどがジャガイモのデンプンです。お菓子のほか、料理のとろみづけ、練り物のつなぎなどに使われます。ジャガイモデンプンの輸入割合は13%ですが、原料に遺伝子組み換え作物が使われていても、ジャガイモデンプンは表示の義務がありません。

⑤わらび粉

わらびの根から採ったデンプン。生産量が少なく、ジャガイモのデンプンを混ぜて売られているものが多く見られます。「本わらび粉」と書かれていれば、わらび粉100%。わらび粉の割合が多いほど、またしっかり練れば練るほど、腰の強いモチモチ感のあるモチができます。わらびモチ、わらびまんじゅうなどに使われ、のどごしがよいので、夏に多用されます。

⑥もち粉

もち米を洗って粉状にし、乾燥させたもの。おもに、草餅や大福などに使われます。白玉粉と同じようにぎゅうひなどにも使われ、ぎゅうひ粉と呼ばれる場合もあります。

⑦水まんじゅうのもと

寒天と葛などを混ぜたものが原料。水まんじゅうが手軽に作れて便利です。最近は夏になると、デパートやスーパーの製菓コーナーで手に入りやすくなりました。

ヘルシーなあんを使ったドーナツ

あんドーナツ

【材料】16個分
◆市販のこしあんまたは粒あん350g(16個に分け、丸めておく)◆砂糖60g(大さじ6.5)◆バター20g(大さじ1.5、室温で柔らかくしておく)◆卵中1個(よくほぐしておく)◆牛乳50cc(大さじ3強)◆薄力粉200g(カップ2)とベーキングパウダー小さじ2.5(いっしょにふるっておく)◆揚げ油(植物油)適量◆飾り用の砂糖・手粉(薄力粉)少々。

【作り方】
①ボウルに砂糖とバターを入れ、泡だて器でよく混ぜる。卵を2回に分けて入れ、さらによく混ぜる。
②牛乳を①に加えて、分離しないように手早く混ぜる。
③ふるっておいた薄力粉とベーキングパウダーを②に加え、ゴムべらで切るようにサックリと混ぜ合わせる。
④まな板の上に手粉を振り、③を取り出して棒状に伸ばし、16個に切り分ける。
⑤1個ずつお椀型にし、くぼみにあんを入れて包む。包んだ先(合わせ目)はしっかりひねって留める(油の中で破けないようにするため)。
⑥160～170度の油でキツネ色になるまで揚げ(こげないように注意)、油を切って熱いうちに好みで砂糖をまぶす。
(所要時間40分)

手作りのあんにも挑戦しよう

小豆は中国から伝わり、昔から日本で食べられてきました。生産量の約80%は北海道で、大納言、普通小豆、北海道小豆などの種類があります。こしあん、さらしあん、粒あんに加工するなど、和菓子ではおなじみの食材です。

腸を刺激するサポニンを含み、鉄、亜鉛、繊維も多いので、便秘に効くといわれています。こしあん・粒あんの缶詰は、自然食材専門店や、無農薬・有機栽培野菜などの共同購入や個人宅配などで扱っている、有機栽培小豆を使ったものを利用しましょう。また、時間がある人は64～65ページを見て、ぜひ手作りに挑戦して！　おいしいし、砂糖の量も加減できます。

代替レシピ

ごまドーナツ……バター、牛乳を使わないさっぱり味

＜材料＞12～13個分　薄力粉110g（カップ１強、ふるっておく）、卵中１個（よくほぐしておく）、砂糖35g（大さじ４弱）、重曹小さじ1/2、練りごま（市販のビン入り、できれば白）大さじ１強、白粒ごま大さじ１、甘納豆12～13粒（粒あんでもよい）、手粉（薄力粉）少々、揚げ油（植物油）適量。

＜作り方＞①ボウルに練りごま、白粒ごま、砂糖を入れ、ゴムべらでよく混ぜる。

②卵を①に少しずつ入れて混ぜ、重曹も加え、さらに薄力粉を入れて、粉っぽさがなくなるまで切るように混ぜる。

③ベタッとした生地ができたら、手粉を軽く振ったバット（大きな皿でもよい）の上に出し、太い棒状にまとめる。それを12～13個に切り分ける。

④１個分の生地を甘納豆がのるくらいの大きさに伸ばす。真ん中に甘納豆を１粒入れて合わせ目をしっかり閉じ、合わせ目を下にして並べる。

⑤150～160度の油で、じっくりまんべんなく揚げる（温度が高すぎると、すぐ黒くなるので注意）。

トッピングしだいで、おやつにも軽食にも

ミニピザ風

【材料】直径15cmのもの５～６枚
生地…◆薄力粉140g（カップ1.5弱）◆強力粉140g（カップ1.5弱）◆ドライイースト小さじ１◆砂糖10g（大さじ１強）◆塩小さじ１弱◆水170～180cc◆オリーブ油大さじ１。
トッピング…あっさり系◆ケチャップ◆黒コショウ◆バジル◆オレガノ◆タマネギ◆ピーマンなど。こってり系◆チーズ（溶けるもの）◆サラミ◆ソーセージ◆ハム◆ベーコン◆マヨネーズなど。

【作り方】
①生地の材料を全部、大きめのボウルに入れる。ベタベタしていたものがひとつにまとまるようになり、粉が手から離れ、表面がもち肌状になるまで、よくこねる。ボウルから出してこねてもよい（７～８分）。
②ラップをかけ、ひと回り大きくなるまで室温（25度前後）か温かいところ（35度）に置く。室温の場合40分～１時間、温かいところの場合30分が目安。
③ボウルから出し、５～６個に切り、好みの大きさに伸ばす（元に戻る力が強いので、ゆっくり伸ばすとよい）。
④天板にオリーブ油を薄くひいて生地をのせ、フォークでつついて多めに穴を開ける。
⑤好みのトッピングをして、180度くらいで10～15分、まわりがキツネ色になるまで焼く。　（所要時間30分）

《一言メモ》
作りすぎたら、トッピングをせずに生地だけ焼き、冷ましてから冷凍しておきましょう。食べるときに自然解凍してから好きなトッピングをし、オーブンやオーブントースターで温めれば、ＯＫ。忙しいお母さんは、生地だけ作りおきしておいてもいいですね。

イタリア料理によく合うオレガノ

オレガノは、ハーブの一種で、香りがよく味のポイントになります。トマトとの相性がよいので、ピザやミートソースをはじめ、イタリア料理には欠かせません。デパートやスーパーのスパイス棚などで、小さなビンに入って（ドライの状態）売っています。

♪体にいい食べものの話５♪
油

油の主成分である大豆、ナタネ、コーン、綿実は、いずれも遺伝子組み換えが認められています。しかし、検証ができないという理由で、表示義務はありません。どれもほとんどが輸入ですから、組み換えされた原料が使われている可能性があります。ごま油、オリーブ油、紅花油、米油は、いまのところ遺伝子組み換え原料は使われていません。こうした油にするか、原料の出所がきちんとわかるものを使用しましょう。

プラスワンメニュー

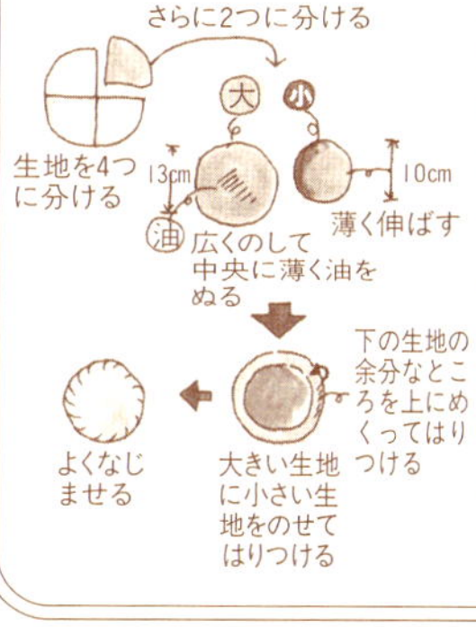

ピタパン風……人気のピタパンも手作りで

＜材料＞４枚分　生地…薄力粉200g（カップ２）、ベーキングパウダー小さじ１、水100cc（カップ1/2）、塩・砂糖ひとつまみ。

中身…ジャム、ソーセージとレタス、ポテトサラダ、ひじき煮、野菜炒め、コロッケなど。

＜作り方＞①薄力粉とベーキングパウダーはいっしょにふるい、水、塩・砂糖とともにボウルに入れ、手で混ぜる。

②手でよく練ってまとめ、ラップに包んで10分以上置く。

③４つに分けて形を作る（イラスト参照）。

④油を薄くひいたフライパンに並べ、ふたをして両面４～５分ずつ薄いキツネ色になるまで焼く。

⑤真ん中で切り、空洞になった穴に好きな中身を詰める。

わんぱく盛りにボリュームおやつ

タコ焼きジュージュー

【材料】 3～4枚分

◆生地…薄力粉60g（カップ1/2強、ふるっておく）◆中くらいのゆでダコの足１本（サイコロ状に切る）◆長ネギ1/2本（小口切り）◆干しエビ大さじ１（大きいものは刻む）◆紅ショウガ大さじ１（真っ赤なものは避ける、細かく刻む）◆卵中１個とだし汁（カツオでも昆布でも、ふだん使っているものでよい）合わせて200cc（固めが好きなら150cc）。

◆おかか◆青のり◆ソース◆植物油少々。

【作り方】

①ボウルにだし汁と卵を入れ、泡だて器でよく混ぜる。

②生地の他の材料も①に入れて混ぜ、ジャポジャポとゆるい生地を作る。

③フライパンに薄く植物油をひき、②を1/3くらい流してふたをし、弱火で焼く。生地がゆるくてひっくり返せないので、半分に折って半月形にし、こんがりとするまで焼く。

④皿に取り、おかか、青のり、ソースをかけて、アツアツをどうぞ。

（所要時間20分）

《一言メモ》

小麦粉アレルギーの場合は、薄力粉の代わりに、ごはんをつぶして使ってもよい。軽く２膳分で、お焼き風に仕上がります。また、生のタコなど甲殻類はアレルギーが出やすい食品。心配な場合は、タコにしっかり火を通すこと。アレルギーのあるお子さんは、揚げ玉か、卵アレルギーがなければコロコロに切ったカマボコもいいですね。

簡単にできておなかも満足

ジャガイモのお焼き

【材料】 ４人分

◆ジャガイモ500〜600g（中３個）◆薄力粉大さじ２◆粉チーズ大さじ２〜３◆塩・コショウ・植物油少々。

【作り方】

①ジャガイモは皮をむいてマッチ棒状に切り、水にさらす（約１〜２分）。

②水切りカゴかザルに①をあけ、水気をよく切る。

③ボウルにジャガイモと薄力粉、粉チーズ、塩・コショウを入れて、よく混ぜる。

④フライパンに植物油を薄くひき、③を流し入れ、弱火で焼く。固まったら、裏返して同じように焼き、フライ返しなどで少し押して形を整える。

⑤ジャガイモに火が通ったら（少し透明感が出て、端っこを食べてみてホックリしていたら）、できあがり。

（所要時間20分）

どんな具を入れてもOK、やみつきになるおいしさ

中身いろいろ蒸しパン

【材料】直径15～16cmくらいの大きな蒸しパン１個分（４人分）
◆薄力粉75g（大さじ９強）と砂糖60g（大さじ6.5）とベーキングパウダー小さじ１（いっしょにふるっておく）◆牛乳大さじ２強（アレルギーのあるお子さんの場合は水にする）◆卵中２個◆バター大さじ２（溶かしておく）◆好みの具（下記参照）。

【作り方】
①ボウルに卵を割り入れ、泡だて器でほぐす。
②ふるっておいた薄力粉と砂糖とベーキングパウダーを①へ入れ、軽く混ぜる。さらに、牛乳を入れる。
③溶かしたバターを入れ、好みで具を入れる。
④サックリ混ぜ合わせ、型（直径15～16cmのケーキ型か、金属製のザルにぬれぶきんを敷いたもの）に流し入れる。
⑤蒸し器に入れ、乾いたふきんをふたにかませて、強火で約15分蒸す。真ん中を押してみて、弾力が出ていたら（竹串がスッと通ったら）ＯＫ。
⑥型から取り出して、あら熱を取り、切り分ける。　　　　（所要時間20分）

《一言メモ》
　中身の具は、レーズン、小さく薄く切ったサツマイモやカボチャなど、お好みでどうぞ。何も入れなくてもおいしいです。

♪体にいい食べものの話６♪
サツマイモ

　サツマイモの旬は秋。ホクホクのおイモは、ふかすだけでもおいしいです。加熱すると糖化が進んで甘味が増し、ますますおいしくなります。皮ごと食べるほうが消化がよいので、新鮮な無農薬・有機栽培のものを皮ごと調理するとベストです。また、繊維質が多いので胃腸を整え、ビタミンE、ビタミンCがお肌をきれいにしてくれます。

何を具に入れてもおいしいヨ
最初に卵を泡だて器でほぐしましょう
さっくり混ぜ合わせて
薄力粉＋ベーキングパウダー＋砂糖
牛乳
ふるっておいてね
金属製ザルにぬれぶきんでもOK
カボチャ
おイモ
レーズン
溶かしたバター
ケーキ型に生地をゆっくり流し入れてね
ケーキ型
真ん中を押して弾力が出ていたり、竹串がスッと通ったらOK!
ワンポイントアドバイス
桜の花の塩漬けを洗って刻み、生地に混ぜるのがとっても好評!
強火で15分

代替レシピ

シンプル蒸しパン……卵、牛乳、バターを使わずに

＜材料＞プリン型６～７個分　薄力粉100g（カップ１）、ベーキングパウダー小さじ１弱、砂糖40～60g（大さじ4.5～6.5、甘さはお好みで）、水100cc（カップ1/2）、塩ひとつまみ、好みの具。

＜作り方＞①砂糖、水、塩をボウルに入れて溶かし、混ぜる。

②薄力粉とベーキングパウダーを①にふるい入れ、切るように混ぜ、好みの具を入れる。

③プリン型のような容器にアルミカップかアルミホイルを敷き込んでおき、②を８分目ほど流し入れる。

④蒸し器に入れ、ふたにふきんをかませて、強火で10分くらい蒸す。

《一言メモ》　こちらも、中身はレーズン、小さく薄く切ったサツマイモやカボチャなどお好みで。冷めるとモチッとした感じになるので、五平もちのたれ（40ページ参照）やあん、ジャムをつけながら食べても、おいしいです。

おイモ好きにはたまらない、アツアツをどうぞ

サツマイモのクリーム煮

【材料】 3～4人分
◆サツマイモ400g（中２本）◆バター大さじ１◆砂糖60～80g（大さじ6.5～9、お好みで）◆牛乳160cc（カップ3/4強）。

【作り方】
①サツマイモは厚く皮をむいて１cmの角切りにし、５分くらい水にさらす。
②鍋に、砂糖、バター、牛乳、サツマイモを入れ、煮たってきたら弱火にし、ふたをして柔らかくなるまで煮る。
③柔らかくなったら、ふたを取り、好みの固さまで煮詰める。

（所要時間20分）

牛乳
バター
砂糖
5分くらい水にさらす。
柔らかくなったらふたを取ってお好みの固さまで煮詰めましょう！
ワンポイントアドバイス
サツマイモのクリーム煮は少し柔らかめに煮たほうがおいしい！バターや牛乳を多く入れるとコクが増します！
MILK
アツアツをどうぞ♡

バター・牛乳なしで！

サツマイモとリンゴのグツグツ煮

お好みで シナモンを かけて
紅玉リンゴの 甘ずっぱさと サツマイモの甘み がとろけて....

【材料】 3～4人分
◆サツマイモ400g（中2本くらい）◆紅玉リンゴ1個（他のリンゴでもよい。八つ切りにして薄く切っておく）◆レーズン大さじ2（水洗いしておく）◆水120cc◆砂糖（入れなくてもよい）35g（大さじ4）◆シナモン少々（お好みで）。

【作り方】
①サツマイモは皮を厚くむいて、1cmの角切りにし、5分くらい水にさらす。
②鍋に、砂糖、水、リンゴ、レーズン、サツマイモを入れ、ふたをして煮る（サツマイモに竹串がスッと通るまで）。
③サツマイモが柔らかくなったら、ふたを取り、少し煮詰める（少しゆるめがよい）。
④できあがったら皿に盛り、好みでシナモンを振る。　（所要時間30分）

《一言メモ》
仕上がりは、ねっとりしていたほうが口になじんでおいしい。水分が飛びすぎてパサついてしまったら、ほんの少しお湯をたらして調整しましょう。アツアツもおいしいけれど、冷めてもおいしくいただけます。トーストにのせてジャム代わりにも。

5分くらい 水にさらす
紅玉 リンゴ
レーズン
入れなくても OK
砂糖
水
バターや 牛乳なしで 作りましょう

もちの甘辛さとクルミの香ばしさが合う

五平もち

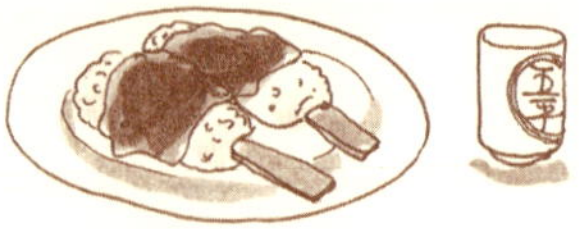

【材料】 約16個分
もち…◆ごはん２合分(残りごはんでよい)。
たれ…◆ローストしたクルミ12〜13個分(アレルギーのあるお子さんの場合は省略)◆白の炒りごま大さじ１〜1.5◆黒砂糖20g(大さじ２弱)◆白砂糖70g(大さじ８弱)◆醤油90cc(大さじ４)。

【作り方】
①ごはんは、温かいうちにボウルに入れる。粒が半分くらい残る程度にすりこぎでつぶし、小さなハンバーグくらいの大きさに平らに丸める。
②両面とも網などで軽く焼く(こげ目はあまりつくらないほうがよい)。
③黒砂糖と白砂糖、醤油は、小鍋で軽く煮溶かしておく。
④110度くらいの低温のオーブンで約15分(こげないように気をつければオーブントースターでもよい)ローストしたクルミをごまといっしょにすり鉢でよくすり、③を入れてなじませる。
⑤焼いたもちに、④のたれをかけてできあがり。 (所要時間20分)

《一言メモ》
　ごはんをしっかり丸めて竹串に刺して焼くと、本格的です。刺して少しなじませてから焼いてください。
　たれは、いろいろに使えます。たとえば、お団子、焼きおにぎり、パン、焼きナスにつけると、おいしいです。子どもに限らず、甘いもの好きな人にはピッタリ。時間のあるときにたくさん作っておきましょう。冷蔵庫で１カ月、冷凍庫なら２〜３カ月は保存できます。
　また、白砂糖を使いたくない人は、粗製糖などミネラル分が残っているヘルシーな砂糖に。多少クセが残りますが、黒砂糖だけでもかまいません。

♪体にいい食べものの話７♪
クルミ

クルミは独特の風味があるので、お菓子全般に使われます。酸化が早いので必要な分だけ買い求めましょう。デパート、スーパーなどの製菓コーナーや製菓食材店で入手できます。ただし、ナッツ類はアレルギーのあるお子さんは避けたほうが無難です。代わりに、味噌と砂糖にゆずを加えて、ゆず味噌のたれを作っても、おいしいです。

COLUMN

なるべく粗製糖を使い、量は控えめに

砂糖は、お菓子に風味と焼き色を付け、おやつ作りに大切な調味料です。原料はサトウキビ（甘しょ）とサトウダイコン（テンサイ）で、前者が70%を占めています。日本では、サトウキビは沖縄諸島や奄美諸島、サトウダイコンは北海道が産地です。

砂糖は油脂の酸化やデンプンの老化を防ぐほか、防腐作用もあります。本書のレシピでは、単に砂糖と表記しましたが、できれば精製度が高くない、ミネラル分が少しでも残っている粗製糖（黒砂糖、キビ砂糖、三温糖など）を使ってください。日本では上白糖とグラニュー糖が多く使われ、約80%を占めています。これらは純度が高いのでクセがなく、どんなお菓子にも向きますが、ミネラル分がほとんどありません。一方クセのある黒砂糖も使い方しだいで、おいしい味のアクセントになります。

また、砂糖の摂りすぎはよくありません。虫歯や肥満になりやすいことは、よく知られているでしょう。加えて次の三つの理由があるからです。まず、体内で砂糖が分解されてエネルギー源になるとき、ビタミンを必要とするため、ビタミンが不足しがちになります。次に、糖分を摂ると血液が酸性過剰となり、pHを保つためにカルシウムが使われて、欠乏します。さらに、アレルギーが出やすく（菌に弱い皮膚になる）なるのです。

この本では、一般のお菓子作りの本に比べて、砂糖の量を控えたレシピにしました。量に幅をもたせているレシピもありますので、お好みで調節してください。小さいうちから、強い甘味に慣れてしまわないで、自然の甘味をおいしいと思える味覚づくりを心がけてあげてほしいと思います。砂糖をまったく使わず、旬のカボチャやサツマイモ、レーズンや果物の甘味だけで工夫してみるのも、おもしろいかもしれません。

なお、ハチミツは果糖とブドウ糖が主成分で、鉄やビタミンも含みます。蜜を採る花の種類によって、成分、色、香り、栄養成分が異なるそうです。消化吸収がよく、風味がよいのに加えて、殺菌や消炎などにも効能が認められています。この本では砂糖の代わりによく登場しますが、甘味としてもっと利用したい天然の素材です。

COLUMN

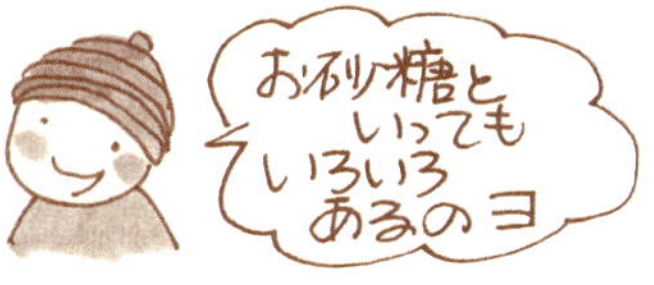

①黒砂糖

原料糖をそのまま煮詰めて作るタイプ。独特の風味とコクがあり、一般的に不足しがちなマグネシウム、鉄、繊維といったミネラル分を多く含んでいます。老化を防止する抗酸化作用もあり、長寿県の沖縄では、お茶のおともに黒糖のかたまりを少しずついただいているおばあさんをよく見かけます。長寿の秘訣かもしれませんね。アクが強いため、お菓子作りのベースには向きませんが、蜜には適しています。黒砂糖の蜜を作って冷蔵庫に保存し、団子や寒天にかけていつも使えるようにしておくと、便利です。

②キビ砂糖

精製度があまり高くないので、色は薄茶色。ミネラル分もいくぶん残っています。

③三温糖

純度が低く、ミネラル分が残っています。ただし、市販品のなかには、白砂糖にカラメル色素で色をつけただけというものもあるので、気をつけてください。カラメル色素にはアンモニア化合物や亜硫酸化合物が添加され、安全性に問題があるという指摘もされています。

④上白糖

黒砂糖を精製したもので、純度は高い。クセもアクもないかわりに、ミネラル分が除かれています。

⑤グラニュー糖

純度が非常に高い。クセはないが、栄養分もほとんどありません。

⑥氷砂糖

純度が高い砂糖を水に溶かして、大きな結晶にしたもの。そのまま食べられます。

30分でできる
自然派おやつ

ゆで小豆缶とクイック白玉を使って

即席しる粉

【材料】２～３人分
白玉団子…◆白玉粉100g◆水90cc。
しる粉…◆ゆで小豆の缶詰１缶◆砂糖少々（お好みで）◆塩ひとつまみ◆片栗粉大さじ１（水大さじ１で溶いておく）。

【作り方】
①ボウルに白玉粉と分量の水（ちょうどまとまるくらい。多すぎないこと）を入れ、よくこねる。
②１つずつ親指の頭くらい（10g）に丸める。
③バット（大きな皿でもよい）の上にキッチンタオルを２枚敷き、その上に並べて余分な水分を取る（５～６分）。
④たっぷりの湯を沸かし、③をくっつかないように入れて、ゆでる。浮いてきたらさらに2～３分しっかりゆで、水に取って冷やし、ザルにあげる。芯まで火が通っていないと粉っぽくておいしくないので、よくゆでること。
⑤しる粉は、ゆで小豆を鍋に入れ、少し水で薄めて、砂糖、塩ひとつまみを入れ、甘味を整える。
⑥約５分中火で⑤を煮て、④の白玉団子も入れ、仕上げに水溶き片栗粉を少しずつ回し入れ、トロリとさせる。
（所要時間20分）

《一言メモ》
手作りあんだと、もっとおいしい！時間のある人はぜひ作ってみよう。

プラスワンメニュー

フルーツぜんざい……夏向きの冷たいぜんざい
＜材料＞２人分　冷凍白玉お好み量（解凍しておく）、バナナ1～２本とキウイ1個（それぞれ１cmくらいに切り、冷やしておく）、牛乳1～1.5カップ、市販の粒あん100～150g（冷やしておく）。
＜作り方＞①解凍した白玉は（冷凍白玉をゆでてもよい）ザルにあげ、冷やしておく。
②器に①を盛り、バナナ、キウイ、牛乳を入れ、粒あんを飾る。
③全体をよく混ぜ合わせて、いただきましょう。
果物はありあわせのものでOK。食べやすい大きさに切り、冷やして使いましょう。

♪いろいろ使えて便利な白玉団子♪

白玉団子は、時間があるときにたくさん作っておくと便利です。作り方の④の次に、くっつかないようにバットに広げて、バットごと冷凍庫に入れて凍らせます。凍ったら、バラしてビニール袋やタッパーに入れ、冷凍保存すれば、１カ月くらいは自然解凍かゆで直して、おいしく食べられます。

自然解凍か、ゆで直した白玉は、冷やしてザルに取って使いましょう。黒すりごまと砂糖を混ぜてかける、みたらし団子のたれをかける（66ページ参照）、五平もちのたれをかける（40ページ参照）、黒蜜ときなこをかけるなど、いろんなバリエーションが楽しめます。

白玉粉の保存

白玉粉は、水につけたもち米をすりつぶして水にさらし、脱水して乾燥させたもの。古くなると臭いがつき、まずくなるので、使う分だけ買い、早く使いきりましょう。

口の中でスーッととろける涼やかな味

簡単わらびもち

【材料】10cm角くらいの流し缶(お弁当箱などでもよい)1個分
◆わらび粉50g(大さじ5弱)◆砂糖130〜150g(カップ1と大さじ2強〜大さじ4.5。砂糖の量はお好みで。黒砂糖と粗製糖半々でもよい)◆水280cc◆きなこ適量。

【作り方】
①下準備として、流し缶に茶こしを通してきなこをしっかり振って、まんべんなく敷いておく(取り出すとき、もちがくっつかないようにするため)。
②鍋にわらび粉を入れ、水を少しずつ加えながら、泡だて器などで粒が残らないように混ぜる。
③砂糖を入れ、さらに混ぜる。
④鍋を火にかけ、はじめは中火、底のほうから粘りが上がってきたら弱火にして、木べらで常に鍋底をこするように混ぜていく。だんだん木べらが重くなってくるが、透明感が出てゼリーの固まりのようにトロンとなるまで火を通すこと(6〜7分)。
⑤透明感が出るまで練れたら、流し缶にあけ、上からもきなこを振って、そのまま冷ます。
⑥冷めたらバットのようなものに逆さにあけ(このとき、まわりにへらなどを差し込むと出しやすい)、好みの大きさにカットして、きなこをまぶす。

(所要時間15分)

《一言メモ》
きなこの代わりに、蜜をかけて冷たくして食べると、夏のデザートに最適です。

♪体にいい食べものの話８♪
わらび粉ときなこ

　わらび粉は、わらびの根から採ったデンプン粉です。採れる量が少ないので、市販のわらび粉の中には、ジャガイモデンプンを混ぜているものがほとんどです。値ははりますが、わらび粉の含まれる量が多いもののほうが、粘りがあっておいしいです。デパート、スーパーの製菓コーナー、製菓食材を扱っている店で買えます。

　きなこは、大豆を炒って粉にしたもの。粉末にすることで消化吸収がよくなります。鉄やビタミンB_1などが含まれており、健康にいいイメージがありますが、大豆も遺伝子組み換えが認められている作物です。原料の90％以上は輸入大豆ですから、数少ない国産か「遺伝子組み換え不使用」という表示があるものを選びましょう。なお、日保ちしにくいので、残ったら冷凍庫に入れ、１カ月くらいで使いきってください。

ちょこっと残ったごはんがおいしく変身

エビせん

【材料】 7～8枚分
生地…◆ごはん1杯分(冷たかったら少し電子レンジで温める)◆干しエビ大さじ2～3くらい◆白ごま小さじ1◆青のり小さじ1～2。
たれ…◆醤油＋みりん少々、またはウスターソース◆植物油少々。

【作り方】
①ボウルにごはんを入れ、すりこぎなどでネチッとなるまでつぶす。
②干しエビ、白ごま、青のりを①に入れて、よくつく。
③天板に薄く油をぬり(テフロン加工ならそのまま)、手水をつけながら②を直径5cmくらいの丸いせんべい型に伸ばしていく。
④200度のオーブンで表・裏7分ずつ焼く。
⑤いったん天板を出して、好みのたれをハケでぬる。
⑥オーブンを150度くらいに下げ、表・裏4～5分ずつ焼く。
⑦網のようなものに取って、冷ます。
(所要時間20分、焼く時間を除く)

《一言メモ》
オーブントースターでもできます。トーストと同じくらい(表と裏がキツネ色になるくらい)を焼く目安にしてください。

カリカリ食べられるカルシウム

小魚＆お芋チップス

【材料】
◆サツマイモ400g（中２本）◆昆布（お好みで）◆いりこ（好きな量）◆揚げ油（植物油）適量
◆塩少々（お好みで）。

【作り方】
①サツマイモは２mmくらいの薄い輪切りにし、水に約５分さらしてザルにあげる。
②水をふき取り、160〜170度の油でカラッと揚げる。
③昆布は３cm角にはさみで切り、150〜160度の油でカラッと揚げる。
④いりこは、さらに油の温度を下げ、150度でカリッと揚げる（ピンとしてパリッとしてくるまで１〜２分）。
⑤３つを混ぜて、紙を敷いたお皿に盛る。　（所要時間20分）

《一言メモ》
　いりこの代わりに田作り用のじゃこなど、どんな小魚でもかまいません。ただし、あまり小さいと見た目がよくないし、食べにくいので、ほどほどの大きさのものにしましょう。ピーナッツを混ぜれば、ビールのおつまみにも最適です。いりこも昆布もカルシウムや鉄分が豊富で、育ち盛りの子どもに欠かせない栄養分が詰まっています。

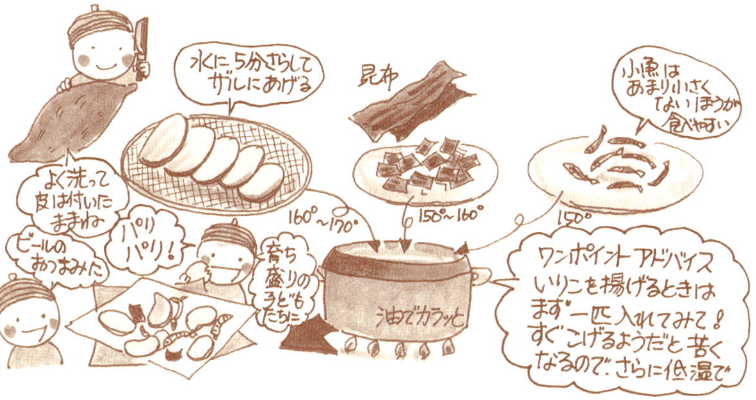

簡単にできて、さっぱり味

ミルクプリン

【材料】 プリン型５～６個分

◆粉寒天４g（小さじ２）◆水200cc（カップ１）◆砂糖大さじ２◆牛乳200cc（カップ１）◆卵黄２個分（新鮮なもの）◆バニラエッセンス少々。

【作り方】

①鍋に粉寒天と水を入れ、中火でグツグツと煮溶かし、砂糖を入れて溶かす。

②ボウルに卵黄を入れ、泡だて器でかき混ぜながら牛乳を入れる。

③あら熱を取った①を②へ入れて混ぜ、バニラエッセンスを数滴たらす。

④プリン型へ③を流し入れ、冷蔵庫で冷やす。

（所要時間20分）

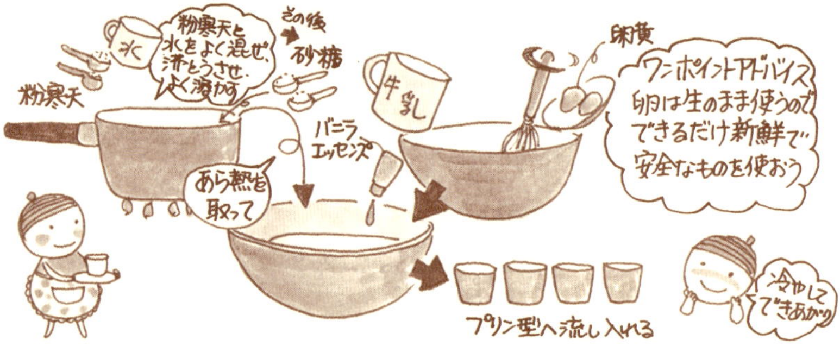

プラスチック製でないプリン型を使おう

「割れないし丈夫」という理由で、小さいお子さんのいるご家庭の多くでは、プラスチックのコップや茶碗を使っているようです。でも、プラスチックは熱や油、圧力に弱く、含まれている有毒な環境ホルモンが溶け出す危険があります。まだ少し熱いうちに流し込むプリン型は、昔ながらのブリキ製や耐熱ガラスを使うと安心。100円ショップなどで、安くてかわいい瀬戸物のコップや茶碗を見つけて、プリン型代わりにしても楽しいですね。

卵も牛乳も使わないから、アレルギーの子にも安心

カボチャプリン

【材料】 プリン型５～６個分
◆カボチャ260g（中1/6）◆粉寒天４g（小さじ２）◆水400cc（カップ２）◆砂糖大さじ５ ◆塩ひとつまみ。

【作り方】
①カボチャはタネと周辺を取り除き、皮をむいて５mmくらいに薄く切り、ヒタヒタの水でゆでる。
②柔らかくなったカボチャの余った水を捨て、水分を飛ばし、すりこぎでよくつく。
③別の鍋に粉寒天と水を煮溶かし、砂糖と塩を入れる。
④②の鍋に③を入れてよく混ぜ、プリン型に流して固める。（所要時間20分）

《一言メモ》
つぶつぶが残っていたほうがおいしいです。自然のやさしい味で栄養たっぷり。野菜嫌いやアレルギーのないお子さんにも、ぜひお勧めします。

すりおろしリンゴの歯ざわりがおいしい

アップル寒天

【材料】プリン型６～７個分
◆リンゴ中１個◆砂糖50g（大さじ5.5）◆粉寒天４g（小さじ２）◆水380cc（カップ２弱）。

【作り方】
①鍋に粉寒天と水を入れ、よく煮溶かす。
②砂糖も入れて煮溶かし、火からおろす。
③リンゴを直接鍋にすりおろしながら入れる（皮が入っても抵抗のない人は、皮ごと入れましょう）。
④鍋底を氷水に当てながら、ゴムべらなどで混ぜて、トロリとさせる。
⑤プリン型に④を入れ、冷蔵庫で固める。
（所要時間15分）

♪体にいい食べものの話９♪
リンゴ

甘味と酸味のほどよいバランスが、お菓子作りに適しています。ビタミンEやC、繊維が多く、便秘にも効きます。市販のリンゴは農薬を多く使っているので、有機JASマークが付いているものや信頼できるお店ないし生産者のものを使いましょう。ふつうの市販を使う場合は、よく洗ってください。

なつかしくてやさしい味

黒糖寒天

【材料】10×10cmの流し缶1個分（4～5人分）
◆棒寒天1本◆水400cc（カップ2）◆黒砂糖100～120g（軽くカップ1、お好みの甘さで）。

【作り方】
①棒寒天は洗って水につけ、3～4時間ふやかしておく。
②しぼって鍋にちぎり入れ、水を加えて中火にかけ、煮溶かす。
③2分くらいグツグツ煮てすっかり溶けたら、混ぜながら黒砂糖も入れて溶かす。
④流し缶（弁当箱でもよい）に③を流し入れ、冷蔵庫で冷やし固める。
⑤好きな大きさにカットしてお皿に盛る。　　　　（所要時間15分）

《一言メモ》
　棒寒天の代わりに、粉寒天を使うとすぐできます。その場合は粉寒天4gに水400ccで。できあがった黒糖寒天に、コンデンスミルクをかけても、おいしくいただけます。

ゼラチンを使わないゼリー

アガー・オレンジゼリー

【材料】プリン型６～７個分
◆アガー15g（大さじ２強）と砂糖20g（大さじ２強）はよく混ぜておく◆水カップ１弱（180～190cc）◆100%オレンジジュース250g（カップ1.3）。

【作り方】
①アガーと砂糖は小さな器に入れ、スプーンなどでよく混ぜ、溶けやすくしておく。
②ジュースを人肌くらいに温める。
③鍋でカップ１弱の水を軽く沸騰させたら、火をごく弱くし、①を振り入れ、泡たて器で十分に溶かし、火を止める。
④②のジュースを③に加え、よく合わせる。
⑤カップに注ぎ、室温で固まらせてから冷やす。　（所要時間15分）

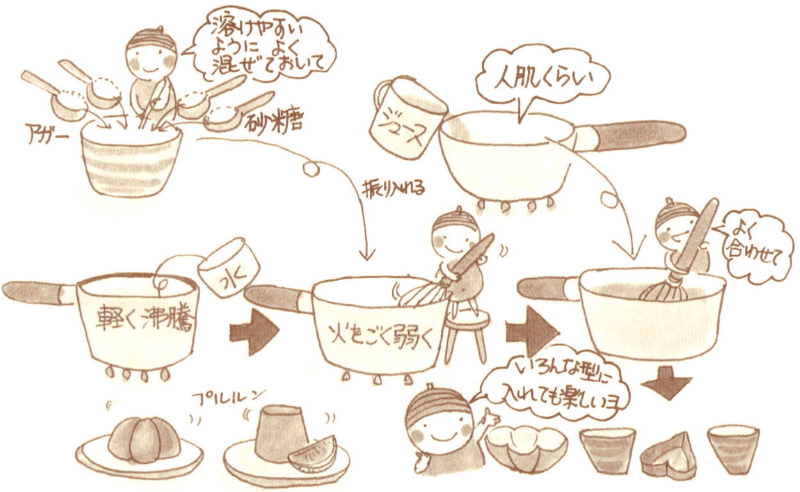

ポスト
ハーベスト？
輸入物の果物の多くがポストハーベストの危険性があるのヨ
国産のものを！
国産
オレンジジュース
国産
みかんジュース
国産
ポストハーベストとは・・・・
収穫後、輸出や保存のために農産物に病害虫がつかないように農薬を直接かけること。特に輸入レモンやオレンジなど柑橘類の防カビ剤OPPやTBZなど要注意
無農薬
有機なら
ベスト！
だね

♪体にいい食べものの話10♪
オレンジジュースとアガー、ゼラチン

ビタミンCが多く、肌によいオレンジは、ほとんどが輸入物です。ポストハーベスト（残留農薬）の心配があるので、数は少ないですが、国産のオレンジやミカンを使ったジュースを安心な共同購入などで利用しましょう。

多くの人になじみが薄いアガーは、海藻（スギノリなど）の抽出物を粉にしたもの。製菓材料店やデパートの製菓コーナーにあります。常温でポヨポヨした感じに固まりやすいので、グツグツ煮ないでください。カロリーゼロですから、太る心配はまったくありません。

ゼラチンは、動物の骨や皮のコラーゲン（タンパク質の一種）に水を加えて煮たものを、濃縮・乾燥させてつくります。一般にゼリーによく利用されますが、狂牛病の危険性があるので、当面は避けたほうが無難でしょう。

混ぜるだけ、シャリシャリとした仕上り

ヘルシーアイスクリン

【材料】プリン型４～５個分
ヨーグルトアイスクリン…◆ヨーグルト（無糖）140cc（カップ2/3）◆砂糖大さじ1.5～２。
小倉アイスクリン…◆牛乳200cc（カップ１）◆市販の粒あん70g（大さじ５～６）◆コンデンスミルク70～75cc（大さじ５～６）。

【作り方】
それぞれ、すべての材料をボウルに入れてよく混ぜ、冷凍庫で１時間くらい冷やし固める。ボウルのまわりが固まってきたら、仕上げまでに３～４回、泡だて器などでよくかきたてるように混ぜ、空気を含ませる。ふんわり、シャリシャリしたら、できあがり。（所要時間20分、冷やし固める時間を除く）
《一言メモ》
できあがったら、柔らかいうちに１人分ずつ小さい容器に分けて、冷凍保存しておきましょう。食べるとき５分くらい出しておくと、少し溶けてシャリシャリして食べやすいです。市販物のようにネットリとはできませんが、シャーベット感覚でさっぱりと食べられます。
なお、プラスチック容器は、冷たいものの場合は環境ホルモンが溶け出しにくいといわれています。でも、なるべくなら、より安心できる金属製や陶器にしましょう。

コンデンスミルクって、なあ～に

コンデンスミルクとは、加糖練乳のこと。練乳は牛乳または脱脂乳を濃縮したもので、16～17%のショ糖を加えた加糖練乳と、加えない無糖練乳（エバミルク）とがあります。ともにアイスクリームの原料などに適しています。

♪体にいい食べものの話11♪
ヨーグルト

牛乳などに乳酸菌を加えて発酵させ、クリーム状にしたもの。全脂無糖（牛乳をそのまま発酵させたもの）と脱脂加糖（牛乳から乳脂肪分を除き、加糖したもの）があり、後者にはフルーツ味などがあります。乳酸菌が腸の善玉菌を増やしてくれるので、おやつだけでなく、料理にも活用しましょう。市販の加糖のものは香料、増粘多糖類などの添加物、安全性の不確かなアスパルテームやステビアなどの甘味料などが入っているので、無糖のものがお勧めです。

COLUMN

子どもとクッキング

ぼくも
いっしょに
作りたい！

子どもはお手伝いが大好き！　興味をもち始めたら、ぜひいっしょにおやつを作ってみましょう。

はじめは、トウモロコシの皮をむいたりキャベツをちぎったりと、素材に触れることから。これなら、１歳でも遊び感覚で楽しめます。２歳になれば、ゆでたおイモをつぶしたり、クッキーの生地をこねたり丸めたりできます。クッキーの型抜きも大好き。生地を泡だて器で混ぜ合わせることもOK。材料が少し飛び散っても、楽しんでいれば、どんどんやらせてあげてください。

４～５歳になったら、ピーラーを使った皮むきや、切ることにトライできるかもしれません。家庭にあるステーキ用のナイフでも、よいでしょう。バナナ、ゆでたニンジン、おイモなど柔らかいものなら、ナイフで十分。100円ショップなどで売っている子ども用の小型のまな板も用意して並んで切ると、一人前になったみたいでとても喜びます。ただ、ナイフや包丁を使うときは、使い方をよく教えて、必ずおとながそばにつきましょう。

子どもと作るおやつは、なるべく早くできるものに。生地を混ぜて焼くだけのホットケーキやお好み焼き、生地をこね、伸ばして型を抜いて焼くクッキーなどが、お勧め。ホットプレートやオーブントースターを使えば簡単です。

忙しくて手のこんだおやつができないという場合は、食パンを利用します。たとえば４つに切ってカリカリにトーストし、ちぎったレタスやスライスしたトマト、ハムやツナをお皿に盛って、自由にトッピングすれば、立派なヘルシーおやつになります。薄い食パンを焼かずに一口サイズに切って、クリームやフルーツをのせてもいいですね。子どもは変わったものが好きですから、細長く切ったりハート型に抜いてジャムをつけただけでも喜びますよ。

ギョーザや春巻きの皮も利用しましょう。カボチャやサツマイモのペースト、バナナやリンゴの甘煮など、お好みでいっしょにクルッと巻くのも楽しいですね。ニンジンなどの子どもが苦手な野菜も、おやつにするとけっこう食べられるものです。仕上げは、おとなが揚げたり焼いてください。

完璧にできなくても、失敗しても、「ここがよくなかったのかな」「今度はこうしてみよう」と話し合えるのは楽しいし、大切です。子どもによって料理の好き・嫌いはありますが、なるべく小さいころから、いっしょに作る経験をさせてあげましょう。きっと、すてきな親子関係が築けると思います。

第2章

昔ながらの
やさしいおやつ

イチゴとあんの絶妙コンビ

イチゴ大福

【材料】 12個分

◆もち粉85g(大さじ8.5)◆砂糖20～50g(大さじ2強～5.5、お好みで)◆水115cc◆イチゴ12粒◆こしあん(市販のものでもよい)120g(棒状にし、12等分して丸めておく)◆手粉(片栗粉)適量。

【作り方】

①イチゴはヘタを取り、ぬれぶきんで軽くふいておく。

②ボウルにもち粉と砂糖を入れて混ぜる。水も少しずつ加えてゴムべらで混ぜ、ドロッとした生地を作る。

③金ザルか耐熱容器に大きめのぬれぶきんを敷き込み、そこへ②を流して、蒸し器で約20分、強火で蒸す。

④ボウルに③を取り、手にぬれぶきんを巻いて(手が熱くなるため)、生地をよくもむ。

⑤手粉(片栗粉)を敷いたバットか大皿にあけ、棒状にして12等分する。

⑥12等分したあんでイチゴを1個ずつ薄く包む。

⑦直径5cmくらいの円に⑤を伸ばし、⑥にかぶせるようにしておしりを閉じる。閉じ目は下にして器に置く。手がベタつくので手粉をつけながらあんを包み、大福にたくさん粉がついてしまったら、ハケでよく払う。

(所要時間40分)

♪体にいい食べものの話12♪
イチゴ

本来は、春の陽をいっぱい浴びて赤くなったイチゴが自然です。60年代までは5～6月がシーズンでしたが、いまはクリスマスごろにも盛んにハウス物が出回ります。外国からの輸入もあり、ほとんどがアメリカ産です。なるべく、ビタミンCの多い旬の国産物(春ごろ)を食べたいものです。

豆の食感を楽しもう

豆大福

【材料】 12個分

◆もち粉85g（大さじ8.5）◆砂糖20〜50g（大さじ２強〜5.5）◆水115cc◆ゆでた赤エンドウ豆カップ１◆こしあんまたは粒あん300g（市販のものでもよい）◆手粉（片栗粉）適量。

【作り方】

①生地作りはイチゴ大福と同じ（60ページ②〜④）。

②あんは棒状にして12等分し、丸める。

③１個分の生地を直径５〜６cmに広げ、その上に赤エンドウ豆をちらす。

④イチゴ大福と同じ要領であんを包み、できあがり。　（所要時間30分）

♪体にいい食べものの話13♪
豆いろいろ

赤エンドウ豆は、エンドウ豆の一種。エンドウ豆には、若いうちにサヤのまま食べるサヤエンドウと、種子を食べる種類（むき身用のグリーンピースなど）があります。赤エンドウ豆は、みつ豆や豆かん、そして豆大福には欠かせない素材です。豆専門店、乾物店、大きなスーパーやデパートで買えます。

大豆や小豆をはじめ、豆は重要なタンパク源や脂質源として、古くから日本人に親しまれてきました。ささげ、青大豆、黒豆、金時豆、白豆、紫花豆、白花豆、白インゲン豆、レンズ豆など、おいしくて栄養価も高い豆がたくさんあります。ぜひ一度、豆専門店や乾物店をのぞいてみてください。

小豆は利尿作用、むくみやだるさをとる働きがあり、古代中国では薬として使われていたという説もあります。大豆は、醤油や味噌など和食の調味料の原料として欠かせません。煮豆やきなことしてもおなじみです。節分に大豆をまいたり、正月の豆占いの風習などから、呪術的な穀物として扱われていたともいわれてます。

濃厚なごまの風味

ごま大福

【材料】 12個分
◆もち粉85g(大さじ8.5)◆砂糖20～50g(大さじ2強～5.5)◆水115cc◆黒粒ごま大さじ2◆クルミの粗刻み5～6粒(なくてもよい、アレルギーのあるお子さんの場合は入れないほうがよい)◆レーズン大さじ3(粗く刻んでおく)◆粒あん250g(市販のものでもOK)◆手粉(片栗粉)適量。

【作り方】
①生地作りはイチゴ大福と同じ(60ページ②～④)。
②黒粒ごま、クルミ、レーズン、粒あんはよく混ぜ合わせ、12等分して丸めておく。
③イチゴ大福と同じ要領であんを包めば、できあがり。 **(所要時間40分)**

赤エンドウ豆のゆで方

①赤エンドウ豆カップ1/2と重曹小さじ1/2をカップ2の水に入れ、半日くらいつけておく。
②①を水ごと鍋に移し、ひと煮立ちさせる(アクが出る)。
③ザルにあけ、豆を水洗いする。
④洗った鍋に新たに水カップ1と豆を入れ、煮たったら火を弱め、コトコト煮る。水が不足したら、ヒタヒタくらいまで水を加えながら煮る。
⑤つぶれない程度に柔らかく煮えたら(約20～30分)、塩小さじ1/2～1を入れて軽くなじませ、そのまま冷ます。
⑥冷めたらザルにあけ、水分を切ってから使う。
《一言メモ》 赤エンドウ豆の塩ゆでは冷凍保存できます。バットなどの上に1粒ずつバラバラに並べて冷凍し、凍ったらビニール袋などに入れて保存。使うとき取り出しやすく、便利です。約1カ月もちます。

大福生地づくり
もち粉
砂糖
水
少しずつ加えていく
ドロッとした生地に
流し込む
ぬれぶきん
金ザルか耐熱容器
蒸し器で強火20分
これで大福生地はOKです
よ～く生地をもみます
大福生地
生地を棒状にして12等分する
バットに片栗粉を敷いて
直径5cmくらい
伸ばす
イチゴをあんで包む
あん
さらにあんに生地をかぶせる
イチゴ大福
おしりを閉じる余分な粉を落とす
クルミ
粒あん
レーズン
黒粒ごま
混ぜて12等分
伸ばす
あん
つつむ
ごま大福
赤エンドウ豆
あん
豆大福

おまけ　レシピ

春にヨモギを見つけたら、生地に練り込んで、季節の香りいっぱいのヨモギ大福を作りましょう。

ヨモギはよく洗って重曹を少し入れた湯でゆがき、水にさらして(15分)包丁で叩き、しぼって使ってください。冷凍保存できますが、香りは減ってしまいます。水気を取りすぎず、軽くしぼった状態で冷凍保存すると、いくらか香りが楽しめます。使うときは、半解凍の状態で刻んでください。

ひと手間かけるだけ。できたてのおいしさにびっくり！

手作りの粒あんとこしあん

【材料】約800g分
◆小豆（どんな小豆でもよい）300g（カップ２）◆白砂糖280g（カップ2.5）◆塩ひとつまみ（粒あんのみ）。

粒あん

【作り方】
①豆は水洗いし、４～８時間ほど水につけておく（急ぐときはすぐに煮始めてもよい）。
②その水ごと鍋に入れ、強火にかける。沸騰すると水が赤くなり、アクも出てくるので、４～５分そのまま煮てザルにあける。水を換え、同じように煮て、アクを抜く。
③３回目の水が煮たってきたら、火を弱める。小豆に水がかぶっている状態で、さし水をしながら、アクが浮いてきたら取り、コトコト柔らかくなるまで煮る（平均約30分）。
④柔らかくなったら、水分をヒタヒタよりかなり少なめにし、砂糖と塩を入れて混ぜ、中火で煮溶かす。溶けたら、そのまま水分を飛ばしながらグツグツ弱火で煮詰める。かなり水分が少なくなってきたら、ジュッジュッと中火で水分を飛ばしながら、木べらで鍋底をこするように練っていく。木べらですくって落としたとき、先がとがって落ちるようになったら、できあがり。
⑤バット（大皿でもよい）にふきんを敷き、小分けして短時間で冷ます。
⑥ 200ｇぐらいずつラップに包み、薄く平らにして冷凍保存しておく。約1カ月もつ。（所要時間55分、豆を水につけておく時間を除く）

《うまく作るコツ》
　あんを練るときは中火で行いましょう。弱火でいつまでも練っていると、つやのあるおいしいあんができません。あんが飛び跳ねるので、やけどしないように注意してください。練っているときは、盛んに湯気が上がっている状態で煮詰めましょう。

こしあん

【作り方】
①③までは粒あんと同じように豆を柔らかく煮る。
②煮た豆はあら熱を取る。少しずつ金ふるいに入れて、おたまなどでつぶし、上から少しずつ水を流しながら、小豆

の中身（デンプン）をボウルに流し落とす。金ふるいに残った豆の皮は捨てる。

③ザルに大きめのふきんを敷き込み、②のボウルの中身（デンプン）をあけてこす。ふきんの四隅を持ってしっかりしぼると、砂糖を入れる前のあんができあがる。

④厚手の鍋に③と砂糖を入れて混ぜ、中火にかけてグツグツ煮る。湯気が上がってきたら、ジュッジュッと音が出るくらいの火加減（中火）で、こがさないように鍋底をこすりながら、ポッテリするまで煮詰める。

⑤粒あんと同じ要領で冷まし、保存する。　（所要時間70分）

《うまく作るコツ》

　時間のある人は、②のところで、目の細かい網でもう一度こすと、よりなめらかなあんに仕上がります。また、さらしあんを買って作る場合は、①〜③を省けます。

蜜の甘さと団子のモチモチ感を味わう

みたらし団子

【材料】 6～7本分

団子…◆白玉粉70g（カップ1/2強）◆水60cc（大さじ４）◆上新粉85g（カップ3/4）◆ぬるま湯60cc（大さじ４）◆塩少々。

たれ…◆醤油大さじ１◆砂糖20g（大さじ２強）◆片栗粉またはくず粉大さじ１弱◆だし汁50cc（大さじ3.5、カツオや昆布など家庭にあるだしならなんでもよい）◆竹串６～７本。

【作り方】

①白玉粉と水、上新粉と湯を別々のボウルに入れ、よくこねる。

②２つを合わせて、さらにこねる。

③②を親指の頭くらいの大きさに１個ずつ丸めて、約20個の団子を作る。

④たっぷりの湯を沸かし、塩をひとつまみ入れる。

⑤団子を沸騰した湯で、しっかりゆでる。浮いてきたら、さらに2分くらいゆでて、ザルに取る。

⑥竹串をぬらして⑤を３～４個ずつ刺し、網で軽くこげないように弱火で焼く。

⑦たれは、材料を全部鍋に入れ、中火にかけてゴムべらで混ぜながら、透明感が出るまでしっかり煮る（こげないように注意）。

⑧⑥に⑦をつけて、できあがり。

（所要時間30分）

《一言メモ》

あんこをつけたり、のりを巻いたり、工夫しだいで楽しい串団子になります。

⑥で、オーブントースターを使ってもいいです。そのときは、竹串がこげないように、竹串が出ている部分にアルミホイルを巻きましょう。団子はすでにゆでて火が通っているので、ごく軽くトーストしてください。

♪体にいい食べものの話14♪
醤油とだし

市販の醤油は、酸味料や果糖ぶどう糖液などの添加物が入っていたり、遺伝子組み換え大豆が使われている可能性があります。使用頻度の高い調味料なので、できるだけ国産大豆使用か有機 JAS マークが付いたものを選びましょう。

市販のだしにも気をつけましょう。多くは味のベースが化学物質（アミノ酸など）となっているからです。安全性の問題はもちろん、香りや味も自宅でとっただしより落ちます。昔は地域ごと、家庭ごとにだしの味が違いました。味が均一化されていくのは、食文化の衰退のひとつかもしれません。

面倒なら、多めに一度にだしをとり、冷蔵保存しましょう。2～3日なら、もちます。パック入り、または粉末のだしを使う場合は、自然食品店、有機栽培野菜の宅配システムを利用して、できるだけ添加物を使っていない天然のものを選んでください。

COLUMN

市販のお菓子には、いろいろな問題がある

店頭に並ぶキャラクターのおまけが付いたスナック菓子、色とりどりのキャンディー……。私たちのまわりでは、子どもたちが飛びつきそうなお菓子が安く大量に売られています。袋を開けるだけで簡単、子どもがキャラクターに喜ぶ、きれいに包装されている、安い、手軽という理由で、小さいお子さんをもつお母さんやお父さんは、子どもにせがまれるとつい買ってしまうケースが多いようです。

でも、ちょっと待って！　市販のお菓子が何で作られているか知っていますか？

●食品添加物が多い

市販のお菓子は、見ばえをよくする、味をよくする、日もちさせる、歯ざわりをよくするなど、さまざまな“工夫”がされています。これは、さまざまな化学物質（食品添加物）が使われているということなのです。

見た目をよくする着色料や光沢剤。風味をよくする香料、甘味料、酸味料、アミノ酸。製造時に使う乳化剤（混ざりにくい成分を混合して乳化状態にする）、増粘剤（粘りを与えたり、なめらかにする）、ガムベース（チューインガムの基礎となる）。腐らないようにする酸化防止剤、保存料、防カビ剤。

これらはいずれも、お菓子の袋の裏によく表示されている食品添加物です。食品添加物は、発ガン性、遺伝毒性（次世代以降に受け継がれる毒性）があるものが多く、アレルギーや化学物質過敏症の増加の一因であるといわれています。

環境ジャーナリストの天笠啓祐さんは、「食品添加物には、化学合成添加物と天然添加物とがありますが、日本では天然添加物の規制が甘い」現状を問題視しています。くちなし色素とか、うこん色素など、なんとなく体によさそうに感じますが、化学合成添加物と同じように安全とはいいきれないというわけです。

「天然添加物は、基本的に生物（植物）のタンパク質や核酸、糖などでできており、ほかの生物（人間）の体に入ったとき、どのような影響が出るかわからないのです。とくに、妊娠している女性やアレルギー体質の人は注意しなければなりません。食品添加物のなかでも、防カビ剤、保存料、酸化防止剤、着色料は、かなり危険性が疑われています。たとえば、防カビ剤として有名なＯＰ

COLUMN

Pは、環境ホルモン作用や発ガン性が疑われる物質です。保存料としてよく使われている安息香酸ナトリウムは変異原性（遺伝子の一部に異常を起こすこと）があります。また、タール系色素（赤色106号、緑色３号、青色１号など）は発ガン物質と認められています」

大地を守る会の野田克己さんは、食品添加物の予測できない怖さを指摘しています。

「食品添加物の一人あたりの年間摂取量は、３～４kgともいわれています。ずっと食べ続けていく過程で、いつどこでどのようなことが人間の体に生じてくるのかは、誰にもわかりません」

●遺伝子組み換え作物が原料に使われている

加えて、最近では遺伝子組み換え作物が大きな問題になっています。除草剤に強い作物や殺虫剤に強い作物になるように遺伝子を操作することによって、生産者の手間を省き、作付面積を増やし、コストを下げる目的で、アメリカなどで広がってきました。

しかし、安全性には強い疑問が投げかけられています。98年にはイギリスで、殺虫成分をつくる遺伝子組み換え作物をラットに与え続けた結果、短期・長期実験ともに、肝機能の低下、免疫機能への悪影響、消化器系の発達障害がみられたという報告が出されました。

「遺伝子組み換え作物には、予測できない毒性がある、抗生物質が効かない体になる、アレルギーを発生するなどの危険が考えられます」（天笠さん）

日本で認められている遺伝子組み換え作物は、大豆、トウモロコシ、ナタネ、綿、ジャガイモ、テンサイの６品種（01年10月現在、国内では、商業的には栽培されていません）。大豆は豆腐、食用油や増粘剤に、トウモロコシは家畜のエサがもっとも多く、食用油やコーンスターチにも使われています。お菓子では、子どもたちの好きなコーンスナック菓子、ポテト菓子やフライドポテトの原料として入り込んでいます。

01年には、子どもたちに人気のポテト菓子に、日本で認められていない遺伝子組み換えジャガイモ（ニューリーフ・プラス、ニューリーフY）が使用されていることがわかり、回収になりました。「市販のポテト菓子や外食産業のフラ

イドポテトは、ほとんど輸入した冷凍ポテトが原料です。安いうえに、粉末状態になっているため、調理するのも形を変えるのも自由自在だからです」と天笠さん。売る側が便利なのはわかりますが、私たちの体はどうなってもいいというのでしょうか。

遺伝子組み換え作物の輸入は増え続け、日本は最大の輸入国ともいわれています。01年秋には、回収騒ぎのあったニューリーフ・プラスが、承認されることになりました。

しかも、コーンフレーク、ポテトチップス、フライドポテトなどは、遺伝子組み換え作物を原料に使っているという表示はしなくてもよいので、消費者にはわかりません。自主的に「遺伝子組み換えでない」と表示する菓子製造企業も出てきましたが、今後ますます私たちのまわりに、遺伝子組み換え作物を原料としたお菓子が増えるのではないでしょうか。

このように、市販のお菓子には、何が使われているかはっきりと消費者に情報が公開されていないものが多く、安全性が確立されていません。発育盛りの子どもには、決して勧められるものではないのです。野田さんも、遺伝子組み換え作物に警鐘を鳴らしています。

「フグやキノコの毒のように、口に入ってすぐに死ぬことはありません。でも、第二次大戦後に急速に広がった化学物質や、ごく最近に出現した遺伝子を操作する技術でできた作物を食べ続けるとどうなるのか。フグやキノコの毒が危険だということを、人類は長い歴史のなかで“壮大な人体実験”を繰り返しながら学んできました。食べものの安全性というのは、長い時間をかけないと確立されません」

●砂糖・塩分・脂質を摂りすぎる

市販のお菓子には、大量の砂糖、塩、油が使われています。

まず、甘味については、砂糖の何百倍もの甘さをもちながら、「ノンカロリー」で「虫歯にならない」ことを売り物に、さまざまな合成甘味料が使われています。しかし、たとえばお菓子や清涼飲料によく使われているアスパルテームは、フェニケルトン尿症の妊婦は注意するように厚生労働省が通達を出しているくらいです。動物実験で骨格異常や脳腫瘍が発生したという報告もあります。ス

COLUMN

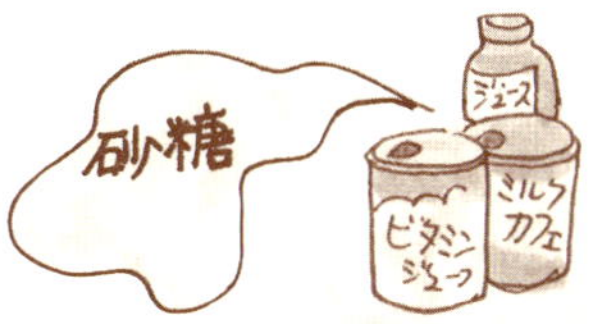

テビアは純度の低いものに発ガン性が疑われていますし、甘草は変異原性の不安があるといわれている物質です。

これらの合成甘味料は、ガムやスナック菓子だけでなく、清涼飲料にも多く含まれています。5g入りスティック砂糖に換算すると、どのくらいの量の糖分になるでしょうか。

「なっちゃん」(果汁入り飲料、500mℓ) ── 約８本分。

「ビタミンすぅー。MATCH」(炭酸飲料、500mℓ) ── ５本分弱。

「UCCミルクカフェ甘さひかえめ」(コーヒー飲料、350mℓ) ── 4本分と少し。

(『食べもの文化』2000年９月号別冊)

小さな子どもは甘いものを好む傾向があります。この時期に、際限なく甘い味に舌が慣れてしまわないようにすることが大切です。また、甘いものはすぐエネルギーになり、満腹感につながります。小さな子どもが食事前に甘い清涼飲料１本を飲めば、お腹いっぱいになって、食事がすすまなくなるのも、無理ないでしょう。市販の飲料には大量の糖分が含まれていることを、よく覚えておいてください。

塩分についても同様で、小さいころからたくさん摂り続けていると、濃い味付けに慣れて、素材本来のもつ味に満足しなくなるおそれがあります。たとえば子どもの大好きなポテトチップスには、食塩のほかにアミノ酸が使われています。このアミノ酸とは、グルタミン酸ナトリウム（いわゆる味の素、人工のうま味成分）のことで、ナトリウム＝塩分が含まれています。つまり、塩プラス塩分というわけです。スナック菓子の塩分は平均1.3%だそうで、一般的な味噌汁の１%より高いのです。

塩分を摂りすぎると、正しい味覚が育ちません。さらに、高血圧、腎臓疾患、生活習慣病（動脈硬化や糖尿病）を招くおそれがあります。

さらに、スナック菓子は、脂質も多く、カルビーの「ポテトチップス」や東ハトの「キャラメルコーン」などには、子ども（３～５歳の男の子）の１日に必要な脂質の70%以上が１袋に含まれているといいます（前掲『食べもの文化』）。毎日スナック菓子を食べ続けると脂肪酸のバランスが崩れて血中コレステロールが増え、生活習慣病にむすびつきかねません。

新鮮なおイモで、皮付きのままどうぞ

大学イモ

【材料】 4～5人分

◆サツマイモ400g（中2本）◆醤油大さじ1.5◆砂糖10g（大さじ1強）◆黒砂糖10g（大さじ1強）◆みりん大さじ2◆水大さじ2強◆ごま少々◆揚げ油（植物油）適量。

【作り方】

①サツマイモはよく洗い、皮ごと乱切りにして15分くらい水にさらし、ザルに取る（途中、2～3度水を替える）。

②水気をふき、150～160度の油で揚げる。竹串がスッと通るくらいまで、こがさないようにゆっくり揚げる。

③醤油、砂糖、黒砂糖、みりん、水をフライパンに入れ、グツグツと中火で煮詰めて蜜を作る。泡が細かくなるまで煮詰めたら、揚げたイモを熱いうちに入れ、サッとからめ、仕上げにごまを振る。

（所要時間30分）

《一言メモ》

サツマイモを細く切って、はじめは150～160度、2度目は180度程度でサッと揚げ、蜜をからませる方法もあります。揚げる時間が少なくてすみます。

超簡単！さっぱり味のイモようかん

サツマイモようかん

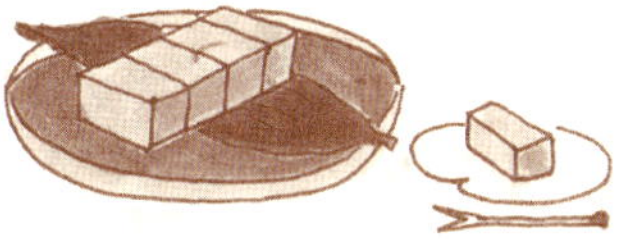

【材料】 4～5人分(中くらいの弁当箱1個分)
◆サツマイモ250～300g(中1.5本)◆粉寒天2g(小さじ1)◆水100cc(カップ1/2)◆砂糖60～100g(カップ1/2～1弱、お好みで)◆塩ひとつまみ。

【作り方】
①サツマイモは厚く皮をむき、5mmくらいの輪切りにして、水に約15分さらす(途中で1回水を替える)。
②サツマイモが隠れるくらいの水で、中火で柔らかくなるまでゆでる。
③ザルにあけ、水を切って再び鍋に戻す。余分な水分をゆすりながら飛ばし、さらによくつぶす。
④別の鍋に水と粉寒天を入れ、ゴムべらで常にゆっくり混ぜながら中火でしっかり沸騰させ、火を弱くして1～2分煮続ける。
⑤砂糖を④に入れ、溶けたら塩と③を加えて混ぜ、好みの型に流し固める。
(所要時間30分)

プラスワン
メニュー

カボチャようかん

<材料>カボチャ400g弱(中1/3弱)、粉寒天3g(小さじ1強)、水・砂糖・塩はサツマイモようかんと同じ。
<作り方>カボチャは中のタネの部分をしっかり取り除き、皮をむいてサイコロ状に切ってゆでる。柔らかくなったらザルにあけて水気を切り、再び鍋に戻し、よくつぶす。あとはサツマイモようかんと同じ要領で。

おイモの甘さだけの素朴なおやつ

イモまんじゅう

【材料】約10個分

◆サツマイモ200g（中１本）◆薄力粉100g（カップ１）◆塩小さじ1/2◆水大さじ４強。

【作り方】

①サツマイモは皮付きのまま厚さ１cmにし、10個くらい切る。面取りをして水に10分さらし、ザルにあげたものをふきんでふく。

②ボウルに薄力粉、塩、水を入れ、よく練って、約10分置く。

③②を棒状にして、切ったイモの数だけ等分し、薄く伸ばしながらイモを包む。

④蒸し器にぬれぶきんを敷き、③を並べる。竹串がスッと通るまで約10～15分、強火で乾いたふきんをふたにかませて（水滴が落ちるのを防ぐため）蒸す。

（所要時間40分）

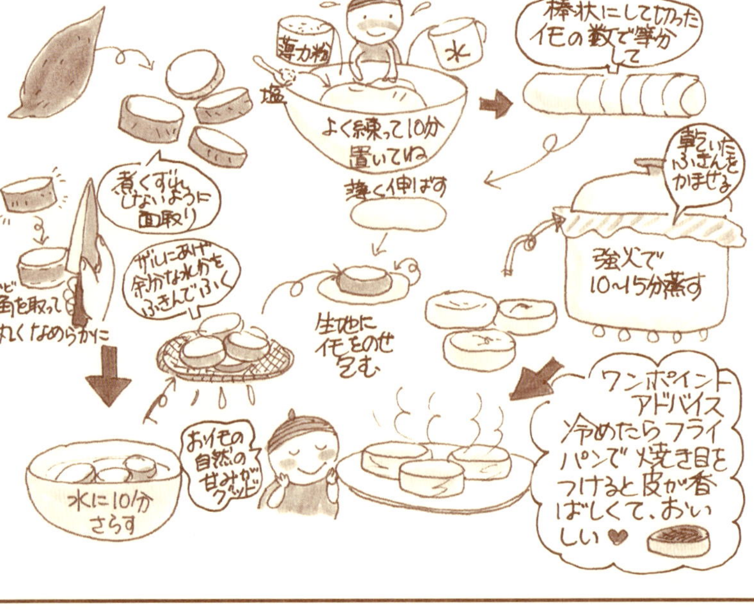

ほのかな醤油の香りが香ばしい

醤油もち

【材料】 12個分

◆白玉粉40g(大さじ4～4.5)◆水150cc(カップ3/4)◆砂糖20g(大さじ2強)◆黒砂糖60g(大さじ6.5)◆醤油大さじ1.5◆上新粉40g(大さじ4～4.5)◆薄力粉40g(大さじ5)◆刻んだクルミ20g(大さじ2、アレルギーの心配のあるお子さんには使わない)。

【作り方】

①金ザルか耐熱性の弁当箱のようなものに、ぬれぶきんを敷き込んでおく。

②ボウルに白玉粉を入れ、水を少しずつ入れて練っていく。粉がしっかり混ざったところで、残りの水を入れる。

③砂糖、黒砂糖、醤油、上新粉、クルミを②に入れて混ぜる。最後に薄力粉を入れて、切るように軽く混ぜ、粉っぽさがなくなったら金ザルに流して蒸し器で約30分、強火で蒸す。

④ふきんごとボウルに取り、ふきんの上からよくもんで、なじませる(熱いので手にぬれぶきんを巻くとよい)。

⑤12等分し、小判型や俵型など好きな形に整えて、できあがり。

(所要時間40分)

《一言メモ》

砂糖と黒糖は合わせて50～80gの範囲で、お好みでどうぞ。

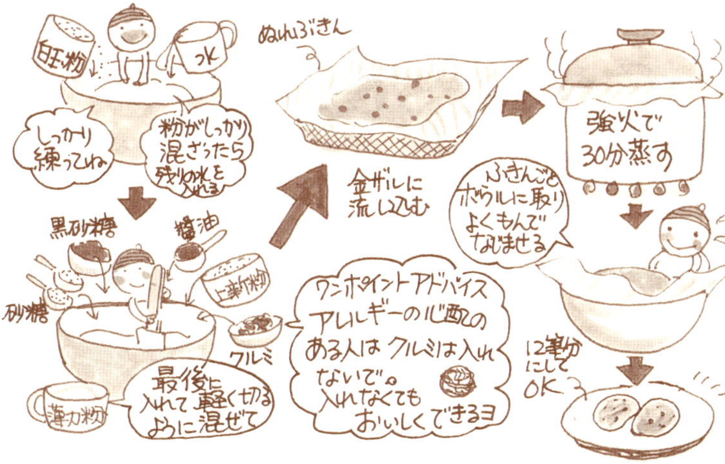

歯ごたえのある食感を味わおう

ごませんべい

【材料】 20枚分

生地…◆強力粉40g(大さじ5)◆薄力粉50g(大さじ6強)◆砂糖10g(大さじ1強)◆塩小さじ1/2◆ぬるま湯大さじ2.5〜3◆黒ごま大さじ2。

◆揚げ油(植物油)適量◆かけ塩適宜。

【作り方】

①生地の材料をすべてボウルに入れ、手でよく練る。まとまったら棒状にしてラップをし、1時間以上室温で休ませる。

②3mmぐらいに切り、めん棒で薄く伸ばす(厚いとカリッ、薄いとパリッとした食感になる)。

③160度の油でじっくりキツネ色になるまで揚げ、好みで塩を振る。

(所要時間20分、生地を休ませる時間を除く)

《一言メモ》

黒ごまの代わりに、青のり&白ごまでもおいしいです。ビールのおつまみにもどうぞ。できあがったせんべいは、湿気ないよう、缶などに保管しておきましょう。また、①の状態で1週間ぐらい冷蔵保存できます。

簡単にできて、あとをひくおいしさ

ご　ま　板

【材料】直径15cmくらいのもの１枚分

◆黒または白の炒りごま大さじ４◆砂糖18g（大さじ２）◆水あめ大さじ１（必ず使う）。

【作り方】

①厚手であまり大きくない片手鍋に、砂糖と水あめを入れ、弱火で鍋をゆすりながらグツグツ気長に溶かす（箸などでかき回さないこと）。

②だんだん泡が細かくなって、ふちのほうが少し茶色くなってきたら、一度にごまを入れる。木べらですばやく混ぜ、全体に砂糖液がからむように、ごまをひとつにまとめる。

③すぐにキッチンペーパーの上に取り出し、上にもキッチンペーパーをかぶせ、熱いうちにめん棒で２～３mmの厚さに伸ばす。

④冷めるとカチカチになるので、熱いうちに食べやすい大きさに切る（冷ましてから手で割ってもよい）。

（所要時間10分）

《一言メモ》

すぐに湿気るので、できあがったらビンや缶に保存しておきましょう。

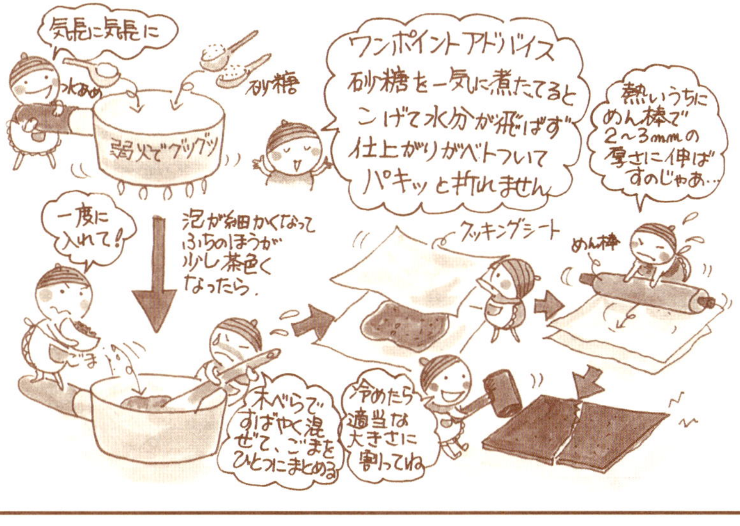

野菜の具が合う、お焼き感覚のまんじゅう

中身いろいろ蒸しまんじゅう

【材料】 9～10個分

◆薄力粉300g（カップ３）◆砂糖10g（大さじ１強）◆ベーキングパウダー大さじ１◆ぬるま湯170cc◆好みの具。

【作り方】

①大きめのボウルに、薄力粉、砂糖、ベーキングパウダーを入れ、ぬるま湯を少しずつ加えながら練っていく。生地がべとつかず、手から離れてもっちりするまで、力を入れてこねる。

②①を棒状にしたら９～10等分（１個50gくらい）に切り、ラップをかけて15分くらい室温で休ませる。

③カットした生地を広げて好みの具を包む。

④蒸し器にクッキングシートまたはぬれぶきんを敷いて③をのせ、ふたに乾いたふきんをかませて、強火で20分蒸す。 （所要時間40分）

《一言メモ》

蒸すときに平たくつぶし、蒸しあがって冷めてから、フライパンで両面にこげ目をつけると、お焼き風に。

中身の具はお好みで（各９個分）

カボチャあん

①カボチャ300g（中1/6強）を１cmのサイコロ状に切る。

②砂糖大さじ１、醤油小さじ1/4、水カップ1/2で①を柔らかくなるまで煮る。

ナスあん

①ナス３個を四つ切りにして、１cmのサイコロ状に切る。

②ごま油大さじ２、砂糖大さじ２、味噌大さじ３、酒大さじ２、炒りごま大さじ１で①を炒める。

また、ひじきの煮物、きんぴら、切干大根の煮物、高菜炒めなど、残った惣菜を具にしてもおいしいです。甘党の人は、小豆あんを入れてもOK。

ベーキングパウダー
砂糖
薄力粉
少しずつ加えてね
ぬるま湯
べとつかなくなるまでね?
力を入れてもっちりするまでこねるのだ!
棒状にまとめて9〜10等分する
ふんわりとラップをかける
1つ50gくらい
15分くらい休ませる
生地を広げる
具
つまみながら閉じる
強火で20分蒸す
乾いたふきんをかませる
ホッカホカ! おいしそう♡
ワンポイントアドバイス
冷めたら袋に入れて冷凍庫で保存!
蒸し直してもおいしいよ
カボチャあん
1cmくらいのサイコロ状に
水
砂糖
醤油
柔らかくなるまで煮る
中身の具はお好みで
ナスあん
砂糖
酒
味噌
ごま油
炒りごま
他にもいろいろな具を入れてみてね
ひじきの煮物
きんぴら
切干大根の煮物
高菜炒め

雑穀のモチキビと切り餅を使って

モチキビまんじゅう

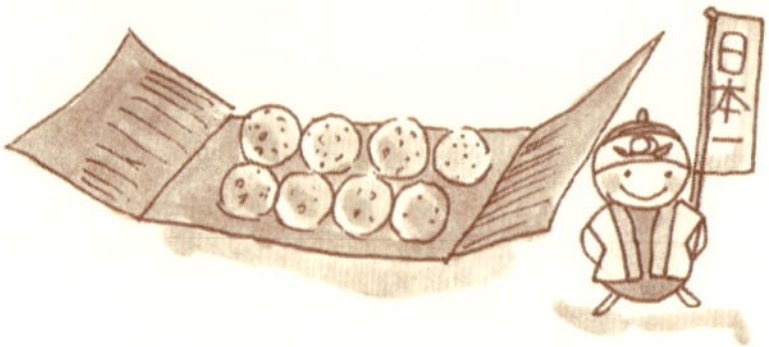

【材料】 12個分

◆モチキビ100g（カップ2/3）◆切り餅200g（4枚）◆こしあんまたは粒あん240～300g（棒状にし、12等分して丸めておく）◆手粉（片栗粉）適量。

【作り方】

①ボウルでモチキビをよく洗う。蒸し器にぬれぶきんを敷いてモチキビを上にのせ、強火で15分蒸す。

②いったん火を消し、蒸しあがったモチキビの上に切り餅をのせ、さらに5分くらい蒸す。

③すり鉢かボウルに②を入れて、よくつく。

④手粉を薄く敷き詰めたバット（大皿でもよい）に取り出し、棒状にして12等分にする。

⑤手粉をつけながら直径5cmぐらいに丸く広げ、冷めないうちにあんを包み、余分な粉は落とす。とじ目を下にして器に盛りましょう。

（所要時間40分）

♪体にいい食べものの話15♪
モチキビと切り餅

モチキビは、雑穀のキビの一種で、もちや団子に使われます。キビやアワなどの雑穀は亜鉛、鉄分、繊維を多く含んでいるので、おやつとして積極的に摂りたいものです。穀物アレルギーの子どもの主食の代用品として使われることもあり、最近は人気が出てきました。

一方、市販されている切り餅には、保存料などの添加物が使われていたり、デンプンが混ざっているものもあるようです。添加物が含まれていないものを、なるべく早めに使いきりましょう。

なんだか力が湧いてきた
モチキビをよく洗いましょう
強火で15分蒸す
ふたもしてね
ぬれぶきん
ワンポイントアドバイス
残ったキビモチは冷凍保存もできます。
1ヵ月程度もつが密閉して臭いがつかないように
いったん火を止めて
切り餅をのせて
ふたをしてさらに5分くらい蒸す
薄く片栗粉を敷く
しっかりつきましょう
棒状にして12等分にする
冷めないうちあんを包む
手粉をつけ直径5cmくらいに丸く広げる
やったあ
日本一
とじ目は下に
うまい
♪モチキビぜんざい♪
モチキビまんじゅうと同じように蒸してしっかりねばりが出るまでよくつきましょう…
トロ〜リトロ〜リ
水
粒あん
一口サイズに丸めてね
温かいうちにど〜ぞ♡

プラスワンメニュー

モチキビぜんざい……モチキビが好きな人に

＜材料＞４～５人分　モチキビ100g(カップ2/3)、粒あん150g。

＜作り方＞①モチキビを、モチキビまんじゅうと同じ要領で蒸しあげ(15分)、しっかりねばりが出るまでよくつく。

②①を人数分に分け、さらに一口サイズに丸めてお椀に入れる。

③粒あんを大さじ２くらいの水でゆるめて小鍋で熱し、トロリとさせる。

④モチキビの上にかけて、温かいうちにいただく。

上品な和菓子も短時間で簡単に

あんこ玉

【材料】 約12個分

中身…◆小豆こしあん240g◆水大さじ１～２◆塩ひとつまみ。

上がけ衣…◆水50cc◆粉寒天小さじ1/2弱◆砂糖10g（大さじ１強）。

【作り方】

①小豆こしあん、塩、水を鍋に入れ、中火でジュジュッとこがさないように混ぜ合わせ、木べらからポットリと落ちるくらいまで練る。

②バットなどに小分けしてよく冷ます。棒状にして12等分し、丸めてクッキングシートのようなものの上に並べる。

③鍋に水と粉寒天を入れ、中火でよく煮溶かす。砂糖を加えてさらに溶かし、１～２分グツグツと煮る。

④ハケに③をたっぷり含ませ、②の上から衣を付ける。冷めて衣が固まったら、できあがり。　　（所要時間15分）

プラスワンメニュー

サツマイモ玉……やさしい味わい

ゆでたサツマイモに砂糖を少し加えてよくつぶし、丸めて衣（あんこ玉の衣と同じ）をかけるだけ。甘いあんこの苦手な人向きで、やさしい味に仕上がります。上に甘納豆を１つのせると、お菓子っぽくなるでしょう。

COLUMN

電子レンジ、容器、ラップの安全性に配慮しよう

●電子レンジはできるだけ使わない

早くできる、調理器具を汚さないなどの理由から、電子レンジは急速に普及しました。一流ホテルのシェフまでが電子レンジを勧めているくらいです。しかし、人体に対する影響は大きく、使い方を守らずに電子レンジの強い電磁波を受け続けると、ガンや白血病になる危険性もあります。

素材を煮たり蒸したりするレシピでは、できるだけ鍋や蒸し器を使ってください。仮に急いでいて電子レンジを使用する場合は、必ず離れていること。間違っても、グルグル回るレンジの中をのぞいたりしないように！

●プラスチック製の容器は避ける

落としても割れない、軽いなどの理由で、子ども用の食器にプラスチック素材が好まれています。代表は、ポリスチレン、ポリカーボネート、塩化ビニールですが、この原料や添加剤に環境ホルモン物質が含まれているのです。環境ホルモンは体内のホルモンを攪乱し、とくに生殖機能に異常をもたらします。天笠啓祐さんは、こう注意を呼びかけています。

「熱いものと油によく溶け出します。熱くて油を多く使った料理には、絶対にプラスチック製の容器を使わないようにしてください」

カップ麺の容器もポリスチレン製であるため、環境ホルモンが溶け出すことが問題になりました。いまも多くは、発泡スチロール容器のままです。安全性は証明されていませんので、あわせて気をつけたいものです。

●ラップの使用は慎重に

ポリ塩化ビニリデンを素材として、プラスチックの添加剤を含んだラップがたくさんあります。これらは燃やすとダイオキシンを発生させるうえ、環境ホルモンです。

最近は、無添加のポリエチレン製ラップも出回るようになりました。しかし、「なるべくならラップは使わないほうがよいと思います」と天笠さん。

「とくに、電子レンジでの使用、熱いものや脂っこいものへの使用は、極力避けましょう」

環境と体への影響を考え、ラップの使用は慎重に。

モチッとした歯ごたえがなつかしい

ういろう２種

【材料】12×14cmくらいの流し缶(耐熱の弁当箱でもよい)１つ分

白ういろう

A…◆砂糖50g(大さじ５強)◆塩２つまみ◆水60cc(大さじ４)。
B…◆くず粉20g(大さじ２)◆水195cc。
C…◆もち粉20g(大さじ２)◆上新粉60g(カップ1/2)◆薄力粉70g(大さじ９)◆砂糖80〜120g(3/4〜１カップ強、お好みで)。

小倉ういろう

A…◆砂糖50g(大さじ５強)◆塩ひとつまみ◆水60cc(大さじ４)。
B…◆くず粉20g(大さじ２)◆水155cc◆粒あん50g(市販のものでもよい)。
C…◆もち粉20g(大さじ２)◆上新粉60g(カップ1/2)◆薄力粉70g(大さじ９)。

【作り方】

①Aを小鍋に入れて火にかけ、溶かして冷ましておく。
②Bを混ぜて溶かし、①に入れる。
③②にCをいっしょにふるい入れて、泡だて器でかき混ぜる。
④万能こし器(目の細かいザルでもよい)を通して、クッキングシートを敷き込んでおいた流し缶に流し入れる。
⑤流し缶を蒸し器に入れ、ふたとの間にぬれぶきんをかませて、強火で約20分蒸す。
⑥型から出して完全に冷ましてから、好みの大きさにカットする。

(所要時間60分)

《一言メモ》

白ういろうの砂糖を黒砂糖に替えれば、黒糖ういろうになります。

約１カ月は冷凍保存ＯＫ。戻すときは、急ぎの場合は室温で、ゆとりのあるときは冷蔵庫でゆっくりと。

♪体にいい食べものの話16♪
くず粉

葛の根から採ったデンプン粉。のどごしがいいので、葛餅、葛きり、葛まんじゅうなど、冷たい和菓子に使われます。吉野葛が有名です。また、消化がよいので、病人食としても使われてきました。

葛の根は漢方薬として使われているくらいですから、昔の人が大切に食べていたように、私たちもお菓子や料理にもっと利用しましょう。密閉して臭いがつかないように保存しておけば、常温で2～3年もちます。質のいいものを買ってください。

九州地方のなつかしいおやつ

かるかん

【材料】10×10cmの流し缶または弁当箱のようなもの１つ分
生地…◆上新粉75g（カップ3/4）◆ヤマトイモ（皮をむいてすったもの）75〜80g（大さじ４〜５）◆白砂糖80g（大さじ９弱）◆水75cc（大さじ５）。
メレンゲ…◆卵白小１個分◆砂糖大さじ１。

【作り方】
①ボウルにすったヤマトイモを入れ、泡だて器で混ぜながら、砂糖と水を少しずつ交互に入れていく。
②上新粉を①に入れ、ダマにならないように混ぜる。
③卵白は白くなるまで泡だて器で泡だててから砂糖を入れ、さらに角（つの）が立つまで泡だてる。
④卵白と砂糖で作ったメレンゲを②に加え、サックリと切るように泡だて器で混ぜる。
⑤あらかじめ全体に薄く油をぬっておいた（クッキングシートを敷き込んでもよい）型に入れ、蒸し器に入れる。乾いたふきんをふたにかませて、強火で20分蒸す。押してみて弾力があれば（竹串がスッと通れば）大丈夫。
⑥あら熱が取れたら、型から出して冷まし、切りわける。　（所要時間40分）

《一言メモ》
熱に強い容器を使いましょう。耐熱性であっても、有害物質が溶け出すプラスチック製の素材は避けてください。

メレンゲの上手な作り方

泡だて器でただ卵白を泡だてるだけだと、白くなって空気は入るものの、すぐに泡がつぶれて役に立ちません。作る途中で少しずつ砂糖を入れることによって、泡がつぶれにくい、角の立ったメレンゲができます。メレンゲは、ふんわりさせたいお菓子などに混ぜ込んで使います。

皮をむきながら
すりおろす
卵白
白くなるまで泡だてよう
砂糖
少しずつ交互に入れていく
水
メレンゲを加えてサックリ切るように混ぜます
砂糖
さらに角が立つまでしっかり泡だてましょう
メレンゲ
ダマにならないように混ぜます
上新粉
生地を流し込む
薄く油をぬるかクッキングシートを敷き込む
真ん中を押してみて弾力があればOK!
乾いたふきんをかませる
強火で20分蒸す
竹串で刺してスッと通ればもう大丈夫!
…はやくできないかなぁ
ワンポイントアドバイス
真っ白にはできないけれど、白砂糖を使いたくない人は粗製糖でもOK!
砂糖
あら熱が取れたら型から出して冷やしましょう
ヤマトイモって体にいいんだよ
切り分けて

♪体にいい食べものの話17♪
ヤマトイモ

ヤマトイモはヤマノイモ科の一種で、丸い形。産地が限られ、丹波地方(兵庫県)が有名です。粘りの強いヤマノイモ科にはほかに、棒状のナガイモと、偏平で扇形のイチョウイモがあります。野生種のジネンジョは別の種類です。お菓子やかまぼこには、ほとんどヤマトイモが使われます。強力な消化酵素アミラーゼが多いので、生食しても消化がいい食べものです。

COLUMN

バター、マーガリン、油の選び方

この本では、あまり油分を使っていません。というのは、油分の摂りすぎ、とくに小さいころからの多用は、体にあまりよくないからです。

日本人は長年、ごはん、味噌汁、焼き魚、季節の野菜のおひたしといった、油を使わない食生活に親しんできました。肉や乳製品、油を多く使うようになったのは、第二次大戦後のことです。この短期間での大きな食生活の変化が、肥満やアレルギーを引き起こす原因のひとつであると考えられます。

本書のレシピは和菓子が中心ですが、クッキーやケーキ類もおもに第3章で取り上げました。そこでは、バターやマーガリンも使用しています。

バターは牛乳の脂肪分を集めて作ったもので、香りがよく、お菓子に独特の風味とコクを与えてくれます。「バターは、原料となる生乳のエサに何を使っているかが安全性の目安となります」と野田克己さん。牧草や芝などの粗飼料を多く与えている酪農家の生乳を使ったものを、共同購入や自然食品店で手に入れるのがベストです。また、酸化しやすいし、カビも発生しやすいため、酸化防止剤や防カビ剤などの添加物の使用が認められています。表示をよくチェックし、添加物が少ないバターを利用しましょう。

アレルギーに配慮して、バターの代わりにマーガリンを使っているレシピもあります。マーガリンの原料は、植物性油脂です。野田さんは、「チェックポイントのひとつは、主原料となる植物油の作り方が圧搾かヘキサン抽出法か」だと言います。圧搾は、圧力をかけて油分を絞り出すという昔ながらの製造法です。ヘキサン抽出法は、油分を抽出するためにノルマルヘキサン(揮発性溶剤)という化学薬品を使います。圧搾では効率が悪いため、いまの植物油の多くはヘキサン抽出法をとっていますが、圧搾方式のマーガリンを選んでください。

揚げ油やひき油にも注意が必要になります。市販の油の原料は、遺伝子組み換え作物のナタネ、トウモロコシ、大豆、綿実である場合が多いからです。いまのところ、紅花油、ごま油、オリーブ油、米油の原料は、遺伝子組み換えが認められていません。ただ、農薬使用の問題もありますから、原料を作る生産者の顔が見えるものを選ぶのがベストです。

なお、米アレルギーのある場合は、米油を使わないように注意してください。

第3章

おもてなし・行事のおやつ

豆乳やマーガリンでヘルシーに作ろう

バースデーケーキ

【材料】 直径18cmのケーキ型１個分

スポンジ生地…◆薄力粉70g（カップ3/4、ふるっておく）◆卵中２個（室温に戻しておく）◆砂糖30g（大さじ３強）◆マーガリン20g（大さじ1.5、熱く溶かしておく）。

カスタードクリーム…◆豆乳（甘くないプレーンタイプ）160cc◆卵黄中１個◆砂糖50g（大さじ５強）◆薄力粉16g（大さじ２）◆バニラエッセンス少々。

飾り用フルーツ…イチゴ、ミカンなど季節の果物適量。

【作り方】

スポンジ生地

①ケーキ型に紙（クッキングシート）を敷いておく。

②ボウルに全卵と砂糖を入れる。別のボウルに45度くらいの湯をはり、卵の入ったボウルを浮かばせて、人肌程度に温めながら、もったりと重い感じになるまで泡だて器（できれば電動ミキサー）で、しっかり泡だてる。

③よく泡だったら、薄力粉を２～３回に分けて、ゴムべらで切るように入れる。続けて、熱く溶かしたマーガリンを回し入れ、さらによく混ぜて型に流し込む（ダマにならないように、こねすぎないように注意）。

④180度のオーブンで③を20～25分焼く。真ん中をちょっと押して弾力があれば（竹串がスッと通れば）ＯＫ。

⑤型から取り出して冷ます。

カスタードクリーム

①豆乳と砂糖を鍋に入れ、中火にかけて温める。

②ボウルに卵黄を入れて、薄力粉をふるい入れ、①の1/4を入れて泡だて器で混ぜる。ドロリとしたら、残りの①も入れて混ぜる。

③茶こしを通して①で使った鍋に②を入れ、ゴムべらで常に鍋底をすくうように中火で煮ていく。クリーミーになるまでしっかり火を通す。

④ボウルに③をあけてラップをし、そのまま冷ます。急ぐときは別のボウルに氷水をはり、その上に③の入ったボウルの底を当てて冷やしてもよい（ときどき、かき混ぜる）。

⑤冷えたら、バニラエッセンスを入れ、泡だて器でよく混ぜる。

デコレーション

①イチゴはヘタを取り、ぬれぶきんで1粒ずつふいて、分量の半分を1/2にカットする。

②冷めたスポンジ生地を2枚にスライスし、下の1枚の表面に冷めたカスタードクリームの1/4をぬる。その上に①をのせ、イチゴの上に1/4の量のクリームをぬる。

③②の上にもう1枚のスポンジ生地をのせ、飾り用に少し残して残りのカスタードクリームを上面や側面にぬり、粒のままのイチゴを飾る。少し残しておいたクリームは、絞り袋などに入れて、イチゴの間などに飾りつけていく。

（所要時間90分）

豆まきがすんだらアツアツのおこわをどうぞ

福は内おこわ

【材料】 2～3人分

◆もち米カップ1（といでおく）◆水150cc（カップ3/4）◆醬油大さじ1/2～1◆砂糖大さじ1/2～1◆大豆の水煮缶100～120g◆下味用の醬油大さじ1◆ごま少々。

【作り方】

①小鍋に水を切った大豆を入れる。醬油大さじ1を加えて中火で少し炒り、下味をつける。

②もち米、水、醬油、砂糖を炊飯器に入れ、2～3時間置いてから、ふつうに炊く。

③炊けたら、①の大豆の水分を切って入れ、約10分蒸す。

④皿に盛りつけ、ごまを振る。

（所要時間2時間半）

《一言メモ》

作りすぎたら冷凍庫へ。解凍してもおいしいので、おやつや夜食にどうぞ。

プラスワンメニュー

豆の砂糖がらめ……余った豆がおいしく変身

＜材料＞炒り大豆（豆まき用の豆）カップ1、砂糖80g（大さじ9弱）、水大さじ1。

＜作り方＞①フライパンに砂糖と水を入れて弱火～中火にかけ、グツグツ煮る。

②さい箸の先を入れて、先を離すと軽く糸をひくようになったら、火からおろす。

③すぐに豆を一度に入れ、砂糖液を箸でからめる。全体に砂糖液がからまったら、再び火にかける。

④ゆすっていて白っぽくなってカラカラしてきたら、すぐに火からおろす。ザルにキッチンペーパーを敷き込んでおき、一度にザッとあけ、冷ます。

《一言メモ》 砂糖は、黒砂糖でもよい。残ったら、缶に入れて湿気ないように。

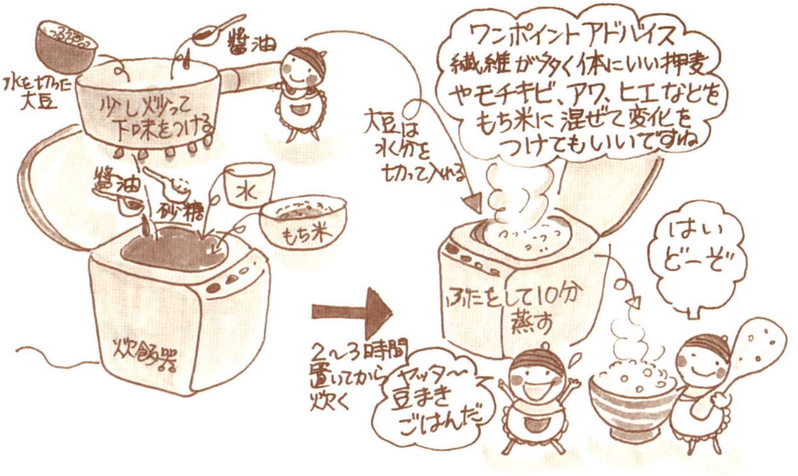

水を切った大豆
醤油
少し炒って下味をつける
醤油
砂糖
水
もち米
炊飯器
2〜3時間置いてから炊く
大豆は水分を切って入れる
ワンポイントアドバイス
繊維が多く体にいい押麦やモチキビ、アワ、ヒエなどをもち米に混ぜて変化をつけてもいいですね
ふたをして10分蒸す
はいどーぞ
ヤッター〜豆まきごはんだ

♪体にいい食べものの話18♪
大豆の水煮缶と炒り大豆

大豆の水煮缶は、大豆を少し使いたいときや下処理が面倒なときに便利です。ただし、90ページの豆乳の原料でもある大豆は、すでに述べたように遺伝子組み換え作物のひとつです。国産か、有機JASマークがあるかをよく確認して、選んでください。炒り大豆は、国産大豆を買ってきてオーブンで焼くか、フライパンで弱火でじっくり炒りましょう。小袋に入って市販されている豆まき用の大豆は、原料をよくチェックしてください。

節分って？

「福は内、鬼は外」の掛け声とともに、炒り豆をまくことも最近は少なくなってきました。でも、小さいお子さんのいらっしゃるご家庭では、お父さんやおとなを鬼とみたてて勢いよく豆をまくことも、あるでしょう。

節分の豆まきは、病気を起こすといわれる悪い気（邪鬼）を追い払う意味があり、立春の前日2月3日か4日に行われます。地域によっては、豆で体をなでてからまくところもありますが、これも厄払いや邪鬼払いからくる風習のようです。また、豆まきとともに、ヤキカガシといって、イワシの頭など臭いの強いものをヒイラギの葉などに刺して家の前に掲げる地域もあり、やはり鬼が入ってこないようにという意味があります。

フルーツやアーモンドにチョコ・コーティング

バレンタインデーチョコ＆クッキー

【材料】
◆洋生チョコ（湯せんをするだけできれいにコーティングできるように加工・調整してあるもの。スーパー、デパートなどの製菓コーナーにある）◆イチゴ・ローストアーモンド・マシュマロなど適量。

【作り方】
①洋生チョコは細かく刻んでボウルに入れる。湯せんをしてゴムべらで混ぜて、トロトロに溶かす。
②イチゴはぬれぶきんでふき、ヘタのほうから竹串に刺す。イチゴの1/3がかぶるくらいに①に浸し、そのまま乾かしてから竹串を抜く。
③ローストアーモンドはそのまま、マシュマロは竹串などに刺して、①に半分ほど浸す。
④それぞれキッチンペーパーの上で乾かす。（所要時間30分）

《一言メモ》
チョコをかけるものはアイディアしだい。コーンフレークとチョコを混ぜ、スプーンでひと固まりずつ小さな山を作って乾かすと、クランキー感覚のチョコになります。レーズンを５～６粒まとめてチョコをからめてもよい。
なお、チョコレートの原料カカオバターは、固まる温度が違う成分から成り立っています。湯せんで溶かしただけでは、うまくコーティングできません。コーティング用のチョコレートを手に入れましょう。

バレンタインデーって、なあ～に

２月14日は、ローマ皇帝が遠征する兵士の結婚を禁じたことに反対した聖人バレンタイン司祭が処刑された日で、西欧にはこの日から鳥がつがい始めるという伝承もあります。この二つが起源になったともいわれています。欧米では恋人同士がカードや贈り物を贈り合うのに対し、なぜか日本では女性が男性にチョコレートをプレゼントするということに。高い「本命チョコ」を買うより、愛情をこめて素材を選び、手作りしたいですね。

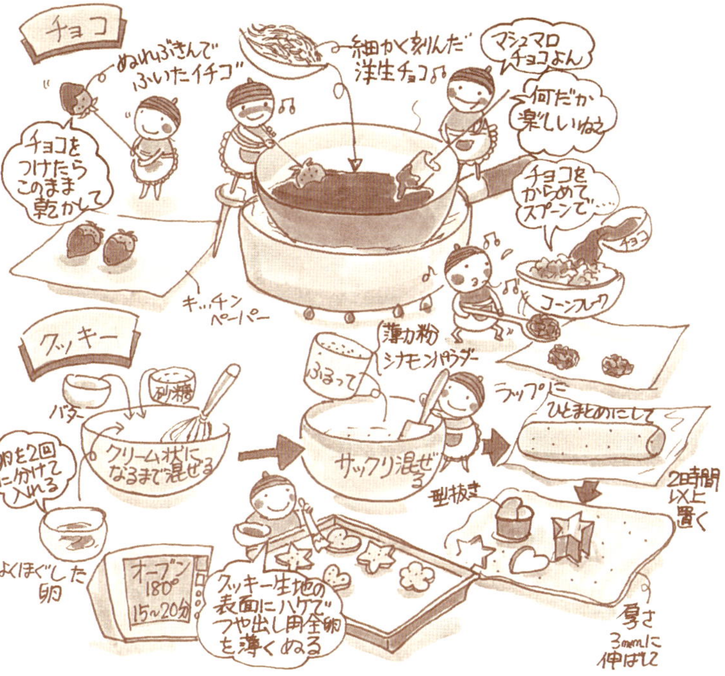

プラスワンメニュー

バレンタインクッキー……ハート型で抜き、かわいい紙コップに

<材料>紙コップ３～４個分　バター（マーガリンでもよい。室温に戻しておく）100g、砂糖80～90g（大さじ９弱～10、お好みで）、薄力粉190g（２カップ弱）とシナモンパウダー10g（大さじ1.５）はよくふるっておく、卵中１個（よくほぐしておく）、つや出し用全卵（よくほぐしておく）適量。

<作り方>①柔らかくしたバター（マーガリン）をボウルに入れ、泡だて器でよく混ぜ、砂糖も入れて、さらに混ぜる。
②卵を２回に分けて①に入れ、クリーム状になるまで混ぜる。
③ふるった粉類を一度に②に入れ、ゴムべらでサックリ混ぜ合わせる。
④ラップに③をひとまとめにして包み、２時間以上冷蔵庫で休ませる。
⑤厚さ３mmに④を伸ばして、型で抜く。
⑥表面にハケでつや出し用全卵を薄くぬり、180度のオーブンで15～20分焼く。

《一言メモ》　バレンタインらしくするために、ハート型で生地を抜いて焼くといいですね。かわいい紙コップにクッキーを入れて、きれいなセロファンなどの紙で包んでリボンで結ぶのもすてきです。お子さんといっしょに工夫して作りましょう。

ひな祭りに欠かせない一品

桜餅

【材料】12個分

◆白玉粉10g(大さじ1弱)◆水200cc(カップ1)◆薄力粉120g(カップ1.2)◆砂糖20g(大さじ2強)◆小豆こしあん360g(棒状にして12等分し、丸めておく)◆桜の葉の塩漬け12枚(独特の香りがある。デパートの食材売り場やスーパーの製菓食材コーナーなどで一年中手に入る)◆植物油少々。

【作り方】

①桜の葉の塩漬けは水で洗う。水をはったボウルに入れて塩気を抜き(30分前後。抜きすぎるとパサパサになってしまう)、水気をふく。

②ボウルに白玉粉と水大さじ1を入れ、ゴムべらでよく練る。

③②へ砂糖、残りの水、ふるった薄力粉を入れ、ダマにならないように手早く混ぜる(生地をピンクにしたかったら、赤じその汁などを少したらす)。

④ラップをして10〜15分、休ませる。

⑤ホットプレートかテフロン加工のフライパンに、薄く油をひく(キッチンタオルなどで伸ばす)。

⑥ごく弱火にし、④を小さなお玉に少しすくってたらし、お玉の底で俵型に広げる。表面が乾いたらひっくり返し、乾いたふきんの上に取り出して、冷ましておく。

⑦あんを俵型っぽくし、⑥に置き、クルッと巻く。冷めたら、桜の葉の塩漬けでくるむ。(所要時間40分)

《一言メモ》

国産小豆を使ったこしあんの缶詰を選びたいですね。

ひな祭りって?

室町時代に始まったといわれています。ひな人形を飾るのは、江戸時代になってから。川や海にひな人形を流す風習が残っている地域もあります。ひな壇に供え物をしたり、近くの海や山に行き、みんなでごちそうを食べるという行事から、桜餅やひなあられが生まれたのかもしれません。季節の桜の葉を使って、桜餅をみんなで食べたいですね。

水
白玉粉
よ〜く練って
薄力粉
砂糖
水
ダマにならぬよう手早く混ぜる
ラップして10〜15分休ませる
30分
塩漬けの桜の葉の塩気を抜く
水気をふく
生地をピンクにするときは赤じその汁を少したらす
お玉の底で俵型に広げる
薄く油をひく
表面が乾いたら、ひっくり返しましょう
ごく弱火
あんこ
あんは俵型に
ワンポイントアドバイス
生地が俵型にうまく焼けなくても桜の葉でくるむので大丈夫
乾いたふきんの上に取り出して冷ましておく
生地
桜の葉でくるむ
桜の葉の香りが何とも…
春ですねえ

♪体にいい食べものの話19♪
甘納豆

原料は、インゲン豆、エンドウ豆、ソラ豆、小豆、ピーナッツなど。アレルギーのあるお子さんは、ピーナッツはアレルギーが出やすいので注意してください。また、甘味料として、ステビアやアスパルテームが使われている場合があります。これらは安全性に問題があるし、味もきついので、砂糖だけで甘味をつけているものにしたほうがいいでしょう。

プラスワンメニュー

ひな祭りおこわ……甘納豆でほんのり甘く

＜材料＞２～３人分　もち米カップ１（といでおく）、水160cc（赤じその汁などを少したらすとピンク色になる）、砂糖大さじ１～２、塩小さじ1/2、ミックス甘納豆80～100g（大さじ８～９）。

＜作り方＞①炊飯器に甘納豆以外の材料を全部入れ、２～３時間置いてから炊く。

②炊けたら、しばらく蒸す。

③甘納豆を入れて、豆がつぶれないように混ぜ、皿に盛る。

子どもの日に親子で作りたい

柏　餅

【材料】12個分

◆白玉粉30g（カップ1/4）◆上新粉235g（カップ２強）◆水またはぬるま湯カップ１◆柏の葉12枚（生なら洗っておく、乾いたものなら４～５分グツグツ煮て、水にさらしてから使う）◆粒あんまたはさらしあん240g（棒状にして12等分し、丸めておく）。

【作り方】

①ボウルに白玉粉を入れ、水またはぬるま湯を入れながらよく練って、ひと固まりにする。

②上新粉と残りの水を加え、よく練る。

③蒸し器にぬれぶきんを敷き、②を小分けして（こぶし半分くらいの大きさにして）平らにつぶし、強火で30分蒸す。

④ふきんごと出し、小分けしたものを合わせて１つにし、すりこぎでよくつきこねる。少し冷めたら手でよくこね、なまこ型にする。

⑤ボウルに④を入れ、水道水を流し続けて、表面が冷たくなるまで冷やす。

⑥ふきんなどで餅の水分をふき取り、よくもんでから均一にして12等分にする。手水をつけながら俵型に伸ばし、手前にあんをのせて、端と端を合わせ、くっつける。

⑦もう一度ぬれぶきんを敷いて⑥を蒸し器で強火で７～８分蒸し、クッキングシートを敷いた盆ザルの上に取り出して冷ます。

⑧冷めたら、柏の葉で包む。

（所要時間60分、蒸す時間は除く）

水まんじゅうのもとをうまく使って、簡単に

水まんじゅう

【材料】プリン型（小さな器）６～７個分

◆水まんじゅうのもと（葛や寒天などが原料）25g（大さじ2.5）◆砂糖70g（大さじ８弱）◆水250cc◆こしあん70g（６～７等分して丸めておく）。

【作り方】

①砂糖と水まんじゅうのもとをボウルに入れ、泡だて器でよく混ぜてから水を少しずつ加え、ダマにならないようにかき混ぜながら水を入れきる。

②鍋に①を移し、中火で練る。２～３分練ったら火を弱くし、それ以上透明にならなくなるまで練る（合計７～８分）。

③スプーンで型に１/２ほど②を入れ、あん玉をのせる。

④その上にまた②を入れて整える（このとき、あんが完全に生地で包まれているようにしないと、氷水で冷やすときあんが流れ出てしまう）。

⑤室温でかすかに温かいぐらいになったら、食べる分だけ氷水に少しつけてしっかり冷やし、器から出して冷たいうちにいただく。　（所要時間30分）

《一言メモ》

氷水で冷やす前の状態で、冷蔵庫で２～３日、冷凍保存で１カ月程度もちます。残りそうだったら、一度に冷やしてしまわず、食べる分だけにしましょう。また、水まんじゅうのもとはデパートの製菓コーナーや製菓材料店で市販されており、夏場は手に入りやすいです。

おもてなし・
行事のおやつ

新鮮な夏の素材で、とびきりのおもてなし

夏のヘルシーケーキ２種

バナナケーキ

【材料】直径16cmのケーキ型１個分
◆卵中２個（室温に戻しておく）◆ハチミツ大さじ３（室温に戻しておく）◆薄力粉100g（カップ１）とベーキングパウダー小さじ1/2はいっしょにふるっておく◆アーモンドパウダー10g（なければ薄力粉、大さじ１）◆バナナ中２～３本◆アーモンドスライス少々◆マーガリンまたはバター大さじ２（溶かしておく）◆レモン汁大さじ１。

【作り方】
①バナナは１cmの輪切りにし、レモン汁大さじ１を振って、よく混ぜておく。
②ボウルに卵とハチミツを入れ、泡だて器（できれば電動ミキサー）で、もったりするまでしっかり泡だてる。
③ふるった薄力粉とベーキングパウダーを②に入れ、ゴムべらで切るように混ぜ合わせる。
④アーモンドパウダーとバナナ、溶かしたマーガリンを③に入れ、サックリ混ぜる。
⑤紙（クッキングシートまたは包装紙のきれいなもの）を敷き込んだケーキ型に④を流し、170～180度のオーブンで25分くらい焼く。
⑥真ん中を押して弾力があれば（竹串がスッと通れば）、できあがり。

トマトケーキ

【材料】直径16cmのケーキ型１個分
◆卵中２個（室温に戻しておく）◆ハチミツ大さじ４（室温に戻しておく）◆薄力粉100g（カップ１）とベーキングパウダー小さじ1/2はいっしょにふるっておく◆アーモンドパウダー10g（大さじ１）◆トマト100～120g（中１個）◆植物油大さじ１。

【作り方】
①トマトは皮をむいて１～２cm角に切り、タネを軽く取り除き、ザルにあけて水分を切っておく。
②ボウルに卵とハチミツを入れ、泡だて器（できれば電動ミキサー）でもったりするまでしっかり泡だてる。
③アーモンドパウダーと植物油、①を②に入れ、ゴムべらでサックリ混ぜる。
④薄力粉とベーキングパウダーを入れ、ゴムべらで切るように混ぜる。
⑤紙（クッキングシートまたは包装紙のきれいなもの）を敷き込んだケーキ型に④を流し、170～180度のオーブンで25～30分焼く。
⑥真ん中を押して弾力があれば（竹串がスッと通れば）、できあがり。

♪体にいい食べものの話20♪
バナナとトマト

バナナは消化・吸収のよい糖質や、ビタミンB_1、B_2、C、カロチンを含み、繊維質が多いので、整腸作用があります。アトピーっ子にトロピカルフルーツはあまり向きませんが、このバナナケーキは加熱しているので、食べすぎなければ大丈夫でしょう。ただし、バナナは栽培中にたくさんの農薬が使われるほか、輸送中に腐らないように、最終出荷時に防腐剤や防カビ剤も噴射されています。できるだけ、生産者がはっきりしている有機栽培のバナナを選んでください。

カロチンやビタミンCが多く、体に有害な活性酸素を取り除いてくれるリコピンも含まれるトマトは、夏が旬です。消炎作用があるともいわれ、口内炎や胃炎を鎮める働きがあります。旬の野菜は栄養価も高いので、積極的に食べたいですね。

COLUMN

有機栽培の国産物を使おう

●国産だけでは安心できない

バナナやオレンジなどの果物に加えて、カボチャや冷凍ジャガイモなど、輸入野菜も増えてきました。しかし、これらは、すでに説明したように収穫後に農薬がかけられています。日本国内で栽培できるものは、国産を選びたいですね。また、バナナのように輸入に頼らざるをえない場合は、共同購入や自然食品店で顔の見える生産者のものを選びましょう。

輸入品のなかには、小麦や大豆などが粉や加工品となって形を変え、店頭に並ぶものもあります。これらは、原料に国産が使われているのか輸入物なのか確かめてください。

ただし、国産といっても、汚染された土地で農薬をたくさん使っていれば、残留農薬が心配です。天笠啓祐さんは、その危険性をこう指摘します。

「農薬は、草の光合成阻害、ホルモン作用の攪乱、虫の神経刺激の伝達阻害などの作用を利用して、除草・殺虫します。そのメカニズムが、そのまま人間にも同じように働いてしまう危険があるのです。また、よく使われている有機塩素系や有機リン系の殺虫剤のように、環境ホルモンが含まれる農薬もあります。それに、表面に付いた農薬は、水で丹念に洗い流せばある程度は落ちますが、作物の中に入り込んだ農薬は防ぎようがありません」

健康な土で、農薬を使わずに作られた、有機野菜や果物を選びましょう。

●認証制度をどうとらえるか

01年４月からは、有機農産物の認証制度が法制化されました。この結果、信憑性がないとの批判を受けてきた「有機野菜」に一定の基準が示され、第三者による検査・認証を受けなければ「有機」と表示できなくなりました。消費者にとっては、これまでより信頼できることになるでしょう。ただし、農水省の調査では、農作物の９％、加工食品の３％が違法表示でした。

「法制化されたことで違反をすれば罰せられるし、信用もなくしますから、めったにないことだとは思いますが、消費者が100％有機認証を信じられるよう、関係者は努力してほしいと思います」（野田さん）

「減農薬」については、農薬の減らし方が問題です。たとえば、強い農薬を全体に１度撒いた場合は「１回」、薄めて害虫が出るところにだけ２度撒いた場

COLUMN

合は「2回」とカウントされます。したがって、回数だけでは安全性がはかれません。使った農薬の種類・残留性・回数などがわかるところ（有機農産物の宅配や自然食材専門店）で買いましょう。

●ジャガイモの放射線照射

ジャガイモの端境期である5月ごろは、国産物も要注意です。品薄になるため、前年の秋から冬に収穫したジャガイモに放射線照射をして発芽を止めた照射ジャガイモが、市場に出回るからです。日本では、北海道の士幌農協だけで行われており、年間1万5000トン程度と推定されています。

出荷するときは、段ボールに「放射線照射」という記載が義務付けられています。しかし、実際に小分けして売られる際にきちんと表示されているかどうか、どこで、どのように、どのくらい売られているかは、不明です。

そして、放射線照射食品の安全性は立証されていません。マウスの染色体や卵巣やこう丸の異常が指摘されたケースもあります。

男性にもファンが多い。手作りでどうぞ

葛餅（くず）

【材料】10×10cmの流し缶か耐熱性の弁当箱１個分（４～５人分）
生地…◆くず粉25g（大さじ2.5）◆片栗粉35g（大さじ3.5）と薄力粉15g（大さじ２弱）はいっしょにふるっておく◆砂糖20g（大さじ２強）◆水230cc。
黒蜜…◆黒砂糖200g（カップ２弱）◆砂糖100g（カップ4/5）◆水250cc◆ハチミツ（大さじ２）◆きなこ（お好みで）。

【作り方】
①鍋にくず粉を入れ、分量の水のうち1/3を加えて、泡だて器で溶かす。
②砂糖も加えて溶かす。
③残った水の半量を②に入れ、ふるっておいた片栗粉と薄力粉も入れ、泡だて器で混ぜる。ダマがなくなったら、残りの水を入れる。
④③を中火にかけ、ゴムべらで混ぜる。鍋底のほうから少しとろみがついてきたら、すぐ火からおろして、そのまま混ぜ続ける。
⑤余熱で全体がトロッとしてきたら、流し缶か弁当箱に流し入れ、平らにする。
⑥蒸し器に入れ、ふたにふきんをかませ、強火で25～30分蒸す。
⑦冷めたら型から出し、三角にカットする。
⑧黒蜜は、ハチミツ以外の材料を鍋に入れ煮たて、アクをよく取る。
⑨４～５分グツグツと弱火で煮て、火を止める。仕上げにハチミツを入れて混ぜ、冷ましておく。
⑩食べるときに、きなこと蜜をかける。
（所要時間30分、蒸す時間は除く）

《一言メモ》
残った蜜は、ビンに入れて冷蔵庫へ。１カ月くらいもちます。葛餅は市販のものよりくず粉が多いのでモチモチ感が強く、食べごたえ十分です。

黒砂糖はミネラルが豊富だから夏バテにもよさそう
モチモチ

葛餅
くず粉
1/3
水
くず粉が溶けたら
砂糖
ふるっておく
薄力粉
片栗粉
残った水の半分
ダマがなくなったら
残った水
中火
鍋底のほうから少しとろみがついてきたら、すぐ火からおろして、そのまま混ぜ続ける
ワンポイントアドバイス
火にかけすぎるとプリプリになって型に流し入れにくくなるので気をつけましょう
余熱でトロリとしてきたら
流し入れ平らにする
強火
25~30分蒸す
型から出して三角にカットしましょ
1ヵ月くらい冷蔵庫でもちます
きなこ
黒蜜
砂糖
水
黒砂糖
煮たてる
アクをよく取ってね
ハチミツ
弱火で5分
黒蜜

ほんのり甘くて飽きない味

カボチャケーキ

【材料】 直径16cmのケーキ型１個分

◆卵中２個(室温で戻したもの)◆ハチミツ大さじ４(室温で戻したもの)◆薄力粉100g(カップ１)とベーキングパウダー小さじ1/2はいっしょにふるっておく◆植物油大さじ１◆レーズン大さじ２(粗く刻んでおく)◆カボチャ150〜200g(中1/8個)◆ジンジャー粉・クローブ粉・シナモン粉各少々。

【作り方】

①カボチャは皮とタネを取り、小さく切ってゆで、水気を飛ばしてつぶしておく。

②ボウルに卵とハチミツを入れ、泡だて器(できれば電動ミキサー)で、もったりするまでしっかり泡だてる。

③つぶしたカボチャと植物油、レーズン、ジンジャー粉、クローブ粉、シナモン粉を②に入れ、軽くゴムべらで混ぜる。

④薄力粉とベーキングパウダーを入れ、切るようにゴムべらで混ぜ合わせる。

⑤紙(クッキングシートまたは包装紙のきれいなもの)を敷き込んだケーキ型に④を流し、180度のオーブンで25〜30分焼く。

⑥真ん中を押して弾力があれば(竹串がスッと通れば)、できあがり。

(所要時間60分)

ジンジャー粉、クローブ粉、シナモン粉って？

いずれもスーパーなどのスパイス棚に置いてあります。ジンジャーはショウガのことですから、ショウガのすりおろしで代用できます。クローブは丁字(ちょうじ)と呼ばれ、ピクルスやアップルパイなどに使用されるスパイスです。熱帯の常緑樹のつぼみを乾燥させたもので、バニラに似た甘い香りが特徴です。シナモンは肉桂の皮のこと。ニッキとも呼ばれ、洋菓子だけでなく和菓子(ニッキあめなど)にも使われ、さわやかな刺激があります。ジンジャー粉とシナモン粉はぜひ入れてください。グンとお菓子らしくなります。

♪体にいい食べものの話21♪
カボチャ

カボチャはビタミンAが豊富で、ビタミンBやCも含まれ、ビタミンの宝庫といえる野菜です。そのほか繊維も多いので、胃腸を整えてくれ、夏の疲れた体にやさしい野菜といえます。

大きく分けて４種類ありますが、いまお店で売られているのはほとんど西洋カボチャです。お菓子に向いているのもは、甘味が強く、ホクホクしている西洋カボチャだといわれています。冬場は外国から輸入される西洋カボチャが多くなるので、輸入の際にくん蒸（農産物といっしょに病害虫が入り込まないように薬剤でいぶし蒸す）の心配がない国産物を選ぶとよいでしょう。

子どもが喜ぶオレンジ色

ニンジンケーキ

【材料】直径16cmのケーキ型１個分かパウンドケーキ型１本分
◆卵中２個(室温に戻したもの)◆ハチミツ大さじ３(室温に戻したもの)◆薄力粉100g(カップ１)とベーキングパウダー小さじ1/2はいっしょにふるっておく◆アーモンドパウダー10g(大さじ１)◆ニンジン60g(中２/３本)◆レモン汁1/2個分◆植物油大さじ１◆シナモン粉少々◆アーモンドスライス(あれば少々)。

【作り方】

①ニンジンは皮をむいて、すりおろしておく(汁ごと使う)。

②ボウルに卵とハチミツを入れ、泡だて器(できれば電動ミキサー)で、もったりするまでしっかり泡だてる。

③アーモンドパウダー、①、レモン汁、植物油、シナモン粉を②に入れ、ゴムべらでサックリ混ぜる。

④さらに薄力粉とベーキングパウダーを入れ、粉っぽくなくなるまで、切るようにゴムべらで混ぜ合わせる。

⑤紙(クッキングシートまたは包装紙のきれいなもの)を敷き込んだケーキ型に④を流し、アーモンドスライスを振りかけ、180度のオーブンで約25分焼く。

⑥真ん中を押して弾力があれば(竹串が、スッと通れば)OK。**(所要時間40分)**

♪体にいい食べものの話22♪
ニンジン

ニンジンやダイコンなどの根菜類は、内臓を温め、血をきれいにしてくれます。また、小腸の働きを活発にして栄養の吸収を高め、虚弱体質の改善につながるともいわれています。旬にたくさん食べたいですね。ニンジン嫌いのお子さんも多いと思いますが、お菓子にすると案外食べてくれるもの。色がきれいなので、お菓子作りにもっと活躍させましょう。パンやゼリー、クッキーなどにも利用できます。オレンジ色のきれいなニンジンケーキはあまり甘くないので、朝食のパン代わりにもどうぞ。

♪体にいい食べものの話23♪
紅茶

110ページでは、紅茶ケーキを紹介しています。紅茶は、お茶の葉を干してからよくもんで発酵を進め、酵素による酸化で特有の色と香りをもたせた発酵茶のこと。同じお茶の木から採った葉でも、半発酵はウーロン茶に、発酵させずにすぐ熱して乾燥させると緑茶になります。

インド、スリランカ、中国が古くからの紅茶の生産地で、香りのよいダージリンティー、コクのあるアッサムティーが有名です。紅茶ケーキで使うアールグレイは、お茶の葉にフルーツや花やスパイスの香料を加えたフレーバードティーのひとつ。ベルガモットという柑橘類の表皮から抽出した植物性の香油を加えています。お菓子作りによく使われ、強い優雅な香りが特徴です。

紅茶にはタンニンが含まれており、抗ガン作用や動脈硬化を防ぐ働きがあるといわれています。少しですがフッ素も入っていて、虫歯予防にも効果があるので、食後や甘いおやつの後に紅茶を飲むとよいかもしれません。

上品な香りと味

紅茶ケーキ

【材料】パウンドケーキ型１本分

◆卵中２個(室温に戻したもの)◆ハチミツ大さじ４(室温に戻したもの)◆薄力粉100g(カップ１)とベーキングパウダー小さじ1/2はいっしょにふるっておく◆マーガリン30g(大さじ２強、溶かしておく)◆アールグレイ紅茶の葉大さじ1/2◆アールグレイの紅茶液(濃いもの)大さじ１。

【作り方】

①アールグレイ紅茶の葉を細かく刻むか、すりこぎですっておく。

②ボウルに卵とハチミツを入れ、泡だて器(できれば電動ミキサー)で、もったりとするまでしっかり泡だてる。

③②に①と紅茶液を入れ、溶かしたマーガリンも加えて、サックリとゴムべらで混ぜる。

④さらに薄力粉とベーキングパウダーを入れ、粉っぽくなくなるまで、切るようにゴムべらで混ぜ合わせる。

⑤紙(クッキングシートまたは包装紙のきれいなもの)を敷き込んだパウンドケーキ型に流し、170〜180度のオーブンで30分くらい焼く。

⑥真ん中を押して弾力があれば(竹串がスッと通れば)OK。(所要時間60分)

キビのつき具合はお好みしだい

キビ入りおはぎ

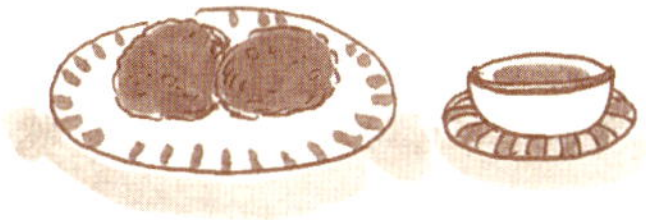

【材料】小さいもの20個分
◆もち米約１カップ◆モチキビ60g（大さじ４）◆水250cc（カップ１1/4）◆塩小さじ1/2◆こしあん300g。

【作り方】
①モチキビは目の細かいザルに入れて洗う。もち米はといでおく。
②いっしょに炊飯器に入れ、水、塩を加えてよく混ぜ、１時間ほど置いたら炊き始める。
③炊きあがったら、すりこぎで好みの粗さにつく（半分つぶす程度）。
④手水をつけながら、20個に分けて丸め、あんをまわりにつける。（所要時間60分、炊飯器で置く時間は除く）

《一言メモ》
　キビが入ると、もち米だけとは違ってまたおいしいもの。塩味がおいしさのポイントなので、塩を忘れないように。あんの代わりに、きなこやごま、五平もちのたれ（40ページ参照、皿に盛って上からかける）でも、違った味が楽しめます。

ススキを飾って、秋の風物詩

月見団子

【材料】 9 ～10個分

◆上新粉50g（カップ1/2弱）◆砂糖大さじ 1 ～ 2 ◆水またはぬるま湯大さじ 4 弱◆塩ひとつまみ。

【作り方】

①ボウルに上新粉、砂糖、塩を入れて、ゴムべらでよく混ぜる。

②水またはぬるま湯を少しずつ入れ、生地を作っていく。ドロリとするまで混ぜる。

③ザルなどにぬれぶきんを敷いて②を流し、蒸し器に入れる。ふたにふきんをかませて、強火で15分蒸す。

④ふきんごと生地を取り出し、手にぬれぶんなどを巻いて、十分にもむ。

⑤棒状にして等分し、手水をつけながら丸い団子を作り、皿に盛る。

（所要時間30分、蒸し時間を除く）

《一言メモ》

お供えした後も柔らかくて、おいしくいただけます。そのまま食べるほかに、お好みできなこやみたらし団子のたれをつけてもいいですね。お月見に限らず、ちょっとしたおやつ、おもてなし用に作ってみてください。

バターなしで作る、あっさり味

スイートポテト

【材料】 約12個分

◆サツマイモ400g（中２本）◆砂糖130g（カップ１強）◆牛乳120cc◆塩ひとつまみ◆卵黄１個分◆バニラエッセンス少々。

ぬり黄身…◆卵黄１個とみりん小さじ１（混ぜておく）。

【作り方】

①サツマイモは皮を厚めにむいて１cmくらいの輪切りにし、水に10分さらす（水を２～３回、換える）

②鍋に入れて柔らかくなるまで約15分煮る（煮たってから７～８分）。

③サツマイモの水分を切って鍋に戻し入れ、砂糖、牛乳、塩を入れて混ぜる。弱火で少し練ってなじませて、火からおろす。

④卵黄とバニラエッセンスを③に入れ、よく混ぜ合わせる。

⑤スプーンでアルミの型などに入れ、形を整えて、表面にハケでペタペタとやさしく、ぬり黄身をぬる。

⑥オーブントースター（高温で薄くこげ目がつくぐらい、４～５分）か180～200度のオーブンで、焼き色がつくまで焼く（4～5分）。（所要時間60分）

おもてなし・
行事のおやつ

カボチャパイを真ん中にハロウィンパーティー

ハロウィンのカボチャパイ

【材料】直径18〜21cmのパイ皿１枚分
パイ生地…◆薄力粉100g（カップ１、冷やしておく）◆冷水大さじ2.5◆マーガリンまたはバター20g（大さじ1.5、冷たいもの）◆ハチミツ小さじ１◆塩ひとつまみ◆打ち粉（薄力粉）少々。
中身…◆カボチャ（種と皮を取ったもの）400g（中1/4個）◆卵黄１個◆砂糖50〜60g（大さじ5.5〜6.5）◆塩ひとつまみ◆バニラエッセンス◆シナモン・ジンジャー（ショウガのすりおろしでもよい）・クローブ粉各少々（クローブ粉はなければ入れなくてもよい）◆牛乳50〜80cc（水っぽいかどうかによって加減）◆卵黄1/2個（ぬり黄身用）。

【作り方】
①大きめのボウルか台の上に薄力粉をふるい入れる。そこへマーガリンまたはバターを刻み入れ、粉とすり混ぜるようにして、サラサラにする（温まらないよう手早く）。
②冷水にハチミツと塩を入れ、指で混ぜてから①に入れ、切るようにゴムべらで混ぜ合わせる（練らないこと）。
③まだ粉っぽいくらいでひとまとめにし、ラップに包んで冷蔵庫で２時間以上置く（１日か２日置いても大丈夫）。
④打ち粉を薄く敷いた台の上に③を取り出す。のしてパイ皿に敷き込み、皿からはみ出した分を取り除いて、フォークで底にたくさん空気穴を開ける（穴を開けると平らに焼きあがる）。
⑤180度のオーブンで14〜15分、下焼きする（薄いキツネ色）。
⑥１cmの厚さに切ったカボチャを柔らかくゆでる。水気を捨て、よくつぶしてから、砂糖、卵黄、バニラエッセンス、塩、シナモン・ジンジャー・クローブ粉を入れて、よく混ぜる。そこへ牛乳を少しずつ、ポッテリとするまで様子を見ながら入れて、混ぜ合わせる。
⑦⑤に⑥を入れて平らにし、溶いた卵黄を全面にハケでペタペタぬる（焼くと、つやが出る）。
⑧170度のオーブンで約30分焼く。
（所要時間60分、生地を休ませる時間を除く）

《一言メモ》
　パイはふくらむ力が強いもの。そこで、④のところで、上にアルミホイルをそっと敷き込み、重石（小豆など）をたっぷり均一に敷くと、底がふくらんで上がってこないので、パイの中身が入れやすくなります。

♪体にいい食べものの話24♪
マーガリン

マーガリンのおもな原料は植物性油脂。これを精製し、全乳粉や発酵乳、食塩を加えて乳化し、練り合わせてバター状にしたものがマーガリンです。バターに比べて香りは落ちますが、カロチンやビタミンEが多く、コレステロールは大幅に少ない。ただし、市販の黄色いマーガリンは着色されているので、白いものを求めましょう。

ハロウィンって？

日本でもハロウィンが近づくと、オレンジ色のカボチャの人形が町を飾るようになりました。もともとはケルト人の祭りでしたが、いまはアメリカの年中行事です。諸聖人の祝日の前夜祭として、10月31日に行われます。アメリカでは大きなカボチャ（ハロウィン用）をくりぬいて、目や鼻、口をつけ、「ジャコランタン」という提灯を作るそうです。そして、夜になると、おばけに仮装した子どもたちが「Trick or treat」（お菓子をくれないと、いたずらするぞ）と言いながら近くの家を回り、お菓子をもらっていきます。

市販品では味わえない素朴な味と風味

栗蒸しようかん

【材料】10×15cmくらいの流し缶（耐熱性のある弁当箱でもよい）1個分
◆こしあん250g◆薄力粉20g（大さじ2.5）◆片栗粉小さじ１◆ぬるま湯大さじ３弱◆塩ひとつまみ◆栗の甘煮４粒（１粒を４つに切っておく）。

【作り方】
①ボウルにこしあんと薄力粉、片栗粉を入れ、手でよくもむ。
②ぬるま湯と塩を①に加えてゴムべらで混ぜ、ドロリとした感じにする。
③型にクッキングシートを敷き込み、②を流して栗を散らす。
④蒸し器に入れ、ふきんをふたにかませて、強火で25～30分蒸す。
⑤蒸しあがったとき、ようかんの表面に水がたまっているようだったら、キッチンタオルでそっと水分を吸わせる。
⑥少し冷めたら、型に敷いたシートごと持って型から出し、しっかり冷ます。
（所要時間20分）

《一言メモ》
蒸しあがったとき、表面がボワボワした感じになっていても、冷めるとしまってくるので大丈夫です。

あんをひとさじ加えるだけで、ぐんと味がひきたつ

お芋しる粉

【材料】 4人分

しる粉…◆サツマイモ300g（中1.5本くらい）◆黒砂糖30g（大さじ3強）◆砂糖30〜50g（大さじ3強〜5強）◆水200cc（カップ1）◆塩ひとつまみ◆あん（市販のものでもよい）大さじ1〜2。

白玉…◆白玉粉50g（カップ1/2弱）◆水40〜45cc。

【作り方】

①サツマイモは皮を厚くむいて1cmくらいの輪切りにする。水に約10分さらしてから、ひたひたの水をはり、柔らかくなるまでゆで、水気を切って、つぶす。

②黒砂糖、砂糖、水、塩、あんを①に入れ、火にかけながら混ぜる。

③白玉粉をボウルに入れ、水を少しずつ入れながら練り、生地を作る。

④1個10g（親指の頭）程度に③を丸め、沸騰した湯でしっかりゆでる。浮いてからさらに2分ゆでて水に取り、ザルにあげる。

⑤②の汁を温め、④をのせてできあがり。　（所要時間40分）

《一言メモ》

あまり甘くしたくない人は、砂糖（黒砂糖は使う）とあんを省いてよい。あっさりして、十分おいしくいただけます。

クリスマスの人気ケーキ

ブッシュ・ド・ノエル

【材料】ロールケーキ１本分(25×29cmのオーブン皿1枚分)
生地…◆卵中3.5個強(室温に戻したもの)◆砂糖87g(大さじ10弱)◆薄力粉75g(カップ3/4)とココア12g(大さじ２)はいっしょにふるっておく◆植物油大さじ１。
シロップ…◆水大さじ1.5◆砂糖13g(大さじ1.5、小鍋で煮溶かし、冷ます)。
ジャム…◆イチゴ、ママレードなど大さじ４〜５◆粉砂糖適量。

【作り方】
①ボウルに卵と砂糖を入れ、よく混ぜる。できれば他のボウルに少し熱いぐらいの湯をはり、そこに浮かばせて(温かくなったら湯からはずす)、もったりするまで、しっかり泡だてる(できれば電動ミキサーで)。
②薄力粉とココアを４〜５回に分けて加えながら、ゴムべらでサックリ混ぜる。
③植物油も②に入れ、混ぜる。
④あらかじめクッキングシートを敷き込んだオーブン皿に均一になるように③を流し、200℃くらいの高温のオーブンで10〜11分、焼きあげる。
⑤シートのふちを持って台の上に出し、冷ます。
⑥冷めたらシートごと裏にひっくり返して、そっとシートをはずし、再び元どおりにシートの上にのせる。
⑦シロップをハケで⑥にペタペタぬる。こうすることで巻きやすくなるし、しっとり感も出る。
⑧ジャムを上面にぬり、のり巻きのように(紙を巻き簀(す)の代わりにして)クルクルっと巻く。巻き終わりを下にして、しばらく休ませ、なじませてからカットする。
⑨イラストを参考にして、カットした枝にあたるところはつまようじを使って動かないように留め、セットする。
⑩食べる直前に、粉砂糖を雪のようにたっぷりと振りかけ、クリスマスらしく、ひいらぎなどをデコレーションする。

(所要時間60分)

砂糖
もったりするまで しっかり泡だてる
お湯を入れたボウルに 卵を入れたボウルを 浮かして泡だてる
クッキングシート
切り込み
オーブン皿
4〜5回に分けて入れる
よくふるって
薄力粉＋ココア
サックリ混ぜる
植物油
生地が均一になるように流し込む
200° オーブン 10〜11分
よいしょ
シートごと台の上に出し冷ます
水
砂糖
さます
シロップ
紙(シート)ごとひっくり返して そっとシートをはずす、シートは もう一度スポンジの下に敷く
シロップ
さらにジャムを上にぬる
ジャム
シートを巻きすの代わりにしてね
のり巻きのようにクルクルッと巻く
巻き終わりを下にしてしばらく休ませる
2カ所カット
モミの木の切り株みたい
クリームなしでもこんな素敵なブッシュ・ド・ノエルができるのね
つまようじを使って留める（食べるとき注意）
粉砂糖を茶こしで振る
粉雪みたい
とびきり素敵なクリスマスになりそう
わーい

〈安心な食材が手に入る生協・宅配&共同購入会・店舗一覧〉

＊ここでは、安全で生産過程がわかる食材にこだわっているという評価が高いところを紹介しました。これ以外にも、すぐれた生協や宅配&共同購入会がありますが、スペースの関係ですべては紹介できません。ご了解ください。なお、一般の食材も扱っているスーパーも含まれています。また、あくまでご自身の目で確認して、ご利用ください。

1　生活協同組合

生活クラブ事業連合生活協同組合連合会	東京都新宿区新宿 6 -24-20 シグマ東新宿ビル	Tel 03-5285-1771　Fax 03-5285-1839 http://www.seikatsuclub.org/
生産や流通がわかる食品や生活材を組合員の自主運営・自主管理で共同購入。個配もある。食品の安全、リサイクル、地方議会に議員を送るなどの運動も行う。北海道・青森・岩手・山形・茨城・栃木・群馬・埼玉・千葉・東京・神奈川・山梨・長野・静岡・愛知の15都道県で活動。		
生活協同組合都市生活	兵庫県西宮市山口町上山口上芦原78- 2	Tel 078-904-3260　Fax 078-904-3382
牛乳・卵・国産小麦粉などの食と環境の安全にこだわった生協として、東は尼崎市から西は加古川市まで11市 4 町で共同購入・個配を行う。		
ゆうき生協（愛媛有機農産生活協同組合）	愛媛県松山市東方町甲2289	Tel 089-963-1002　Fax 089-963-3863 http://www6.ocn.ne.jp/~e-yuuki/
地元の有機野菜、提携生産者の肉、無添加調味料などを扱う、生産者と消費者による生協。		
生活協同組合連合会グリーンコープ連合	福岡市博多区博多駅中央街 8 -36博多ビル7F	Tel 092-481-7697　Fax 092-413-9772 http://www.greencoop.or.jp/
生命を基本に据えた取組みを展開し、できるだけ添加物を使用しない、素材そのものの味を大切にした食品を扱う。共同購入、個配、店舗などさまざまなスタイルがある。広島・岡山・山口・福岡・佐賀・長崎・熊本・大分・宮崎・鹿児島の10県で活動。		

2　宅配&共同購入会

ポラン広場（全国事務局）	東京都渋谷区恵比寿西 1 -16- 3 吉房ビル 3 F	Tel 03-5459-3840　Fax 03-5459-3844 http://www.polan.net/
有機農産物全般を扱う全国展開の宅配。店舗もある。取り扱う野菜の70～80%がJAS法により認証された有機農産物。ホームページには店舗の地図やレシピなどのお役立ち情報が満載。北海道・茨城・東京・愛知・大阪・広島・福岡の 7 都道府県に宅配の拠点がある。		
らでぃっしゅぼーや	東京都港区虎ノ門 3 - 8 -21 虎ノ門33森ビル9F	Tel 03-5777-8640　Fax 03-5777-8641 ☎0120-831-375（電話をかけた地域により、全国各地の営業所につながる） http://www.radishbo-ya.co.jp/
無農薬・低農薬野菜、無添加食品、畜産品、エコロジーグッズなど年間3000アイテム。独自の厳しい基準により、安全でおいしく、栄養価の高い野菜セットを届ける。		
にんじんCURABU東京	東京都多摩市関戸 2 -46	Tel 0423-89-0720　Fax 0423-89-6373 http://www.ninjinclub.co.jp/
無農薬栽培米や野菜、添加物不使用の加工品、肉類など。安全性の確認が取れた原材料のみを扱い、生産者・製造者との顔の見える関係を心がけている。		
大地宅配	東京都調布市深大寺北町 2 -13- 1	☎0120-158-183　Fax 0424-81-6290 http://www.daichi.or.jp/
独自の有機農産物等生産基準をクリアした安全な野菜、果物、加工品など。共同購入部門もある。生産者の顔が見える関係をめざし、消費者との交流活動が活発。		

共同購入会生活舎	東京都八王子市東浅川町553	Tel 0426-63-1634　☎0120-135-831 Fax 0426-63-1643 http://www.din.or.jp/~yasai/
地元・八王子を中心とした野菜、畜産物、調味料。新鮮で安全。		
みどり共同購入会	富山市今泉335	Tel 076-493-6261　Fax 076-493-6260
食料全般と粉石けんなど生活雑貨。昔ながらの製法にこだわった醤油や無添加調味料が自慢。		
自然派共同購入会・オルター金沢	石川県石川郡野々市町押尾5-222	Tel 076-294-0320　Fax 076-248-1662
安全な食材各種や地場の有機もの。国内の有機農家と提携し、食の安全と環境の保全をめざす。		
あいのう流通センター	愛知県名古屋市天白区井口2-903	Tel 052-801-5643　Fax 052-804-5445 http://www.ainou-c.co.jp
無農薬・低農薬栽培の米、野菜、果物、国産の雑穀や無添加調味料、平飼い卵など。農家が安全な農産物を消費者に直接届けるためにつくった会社。愛する農業の「あいのう」。		
にんじんCURABU	愛知県小牧市中央2-246	Tel 0568-71-4114　Fax 0568-71-1503 http://www.ninjinclub.co.jp/
無農薬栽培米、野菜、添加物不使用の加工品、肉類など。旬の無農薬野菜詰め合わせが好評。		
安全農産供給センター	京都府宇治市槇島町目川118-7	Tel 0774-22-4634　Fax 0774-24-9512 http://www.mws.ne.jp/~mutuj/earth/anzen.html
低農薬野菜・果物、低温殺菌牛乳など。使い捨て時代を考える会など複数の共同購入会を組織している。		
関西よつ葉連絡会	大阪府茨木市園田町2-28	Tel 0726-38-2915　Fax 0726-38-2916 http://www.yotuba.gr.jp
無農薬野菜・果物、食肉、水産品、乳製品、調味料など食品全般を供給。安全な食べ物と安心して暮らせる環境をめざす。近畿地方の複数の共同購入会をまとめている。		
オルター大阪	大阪府富田林市西板持町2-3-5	Tel 0721-34-2600　Fax 0721-34-2777 http://www.alter-japan.co.jp
無農薬・無添加食材を供給。ポストハーベスト農薬、遺伝子組み換え作物、放射能汚染、食品添加物などの原料段階からの排除に努めている。		
グリーンノート	兵庫県明石市魚住町住吉2-6-27	Tel 078-947-7005　Fax 078-947-7006 http://www.gnote.co.jp
無農薬野菜、低温殺菌牛乳、無添加食品、環境と体にやさしい生活用品。全国宅配も。		
さんらいふ	奈良県橿原市十市町1065-1	Tel 0744-24-2625　☎0120-04-2625 Fax 0744-24-6234（☎0120-14-6234）
有機・無農薬の自然食材はじめ自然に暮らすためのものはすべてそろう。近畿地方以外は郵送。		
ちろりん村宅配センター	香川県高松市木太町5区4637-3	Tel 087-837-4568　Fax 087-837-2977
無農薬・無化学肥料の野菜、低温殺菌牛乳、平飼い有機卵、天然醸造の調味料、食料品全般。		

3　自然食材店

北海道自然食普及会	北海道札幌市中央区南三条東26	Tel 011-221-6844　Fax 011-251-3020 http://www.hokkaidoshizenshoku.com
自然食品、健康食品、無農薬野菜、生鮮食料品など。10～18時、日曜祝日休。		
北海道大地	北海道旭川市五条18丁目右6	Tel&Fax 0166-32-1668
安全な肉、卵、野菜、海産物など地場ものが自慢。10～18時半、日曜休。		
自然食品の店あおぞら	青森市浪打1-16-10牧田ビル1F	Tel&Fax 017-743-0824
自然農法米、無農薬野菜、果物など。9時半～19時（日曜祝日18時半）、無休。		

秋田自然食品 センター	秋田市山王２-11-22	Tel 018-823-2921　Fax 018-862-0879 http://www:akitanet.co.jp/ak-sizen/
有機玄米、有機野菜、梅肉エキス、ビワの葉温灸など。９時半～18時、日曜祝日休。		
ぐりん・ぴいす	宮城県仙台市青葉区立町18-12-104 ライオンズマンション西公園第三	Tel 022-265-7868　Fax 022-213-6739 (カタツムリ社)
自然食品、環境問題の書籍など。全国に通販。10～19時（日曜祝日16時)、月曜休。		
あんぜんなたべものや	福島市仲間町４-３	Tel&Fax 024-523-2237
無農薬野菜、自然食品、健康食品、健康相談も。10～19時、日曜祝日休。		
Earth Market (アースマーケット)	千葉市美浜区高浜１-10-１ 高浜ショッピングセンター内	Tel 043-248-5099　Fax 043-248-5069 http://www.earth-market-place.co.jp/
自然のものを幅広く扱い、千葉県産の無農薬野菜を月～土曜入荷。11～19時、第二日曜休。		
ほうずき屋	千葉県船橋市宮本１-19-11	Tel 047-423-4733　Fax 047-422-1170
有機野菜、果物、海産物、加工品、低温殺菌牛乳など。11～19時（日曜祝日12～18時)、無休。		
GAIA（ガイア）	東京都千代田区神田駿河台 ３-3-13	Tel 03-3219-4865　Fax 03-5280-2330
野菜、乾物、パンなど。毎月、曜日替わりで国産小麦、天然酵母パンを入荷。11～20時、日曜祭日12～19時、無休。		
ふみんのお店	東京都渋谷区神宮前３-31-18 婦人民主クラブ内	Tel 03-3402-3244　Fax 03-3401-3453
無農薬・無添加食品。国産小麦粉も。10～17時、土・日曜祝日休。		
クレヨンハウス 野菜市場	東京都港区北青山３-８-15	Tel 03-3406-6477　Fax 03-3407-9568
野菜、米、加工品。オーガニック、始めませんか？　11～21時半、定休日なし。		
みさと屋	東京都調布市布田２-2-６	Tel 0424-87-1714　Fax 0424-87-1742 http://www.misatoya.net
無農薬・低農薬野菜、無添加食品。レストランも。９～20時、店舗日曜、レストラン日曜祝日休。		
きょうりゅうや	東京都三鷹市深大寺３-９-７	Tel&Fax 0422-33-4732 http://www.satoyama.co.jp/kyoryuya/index.htm
無添加調味料、エコグッズなど。店舗ではなく、全国通販。ホームページでも買い物できる。		
八百萬屋（やおよろずや）	神奈川県横浜市中区本郷町 １-30	Tel&Fax 045-623-9548
自然食、牛乳、パン、海産物など。毎月第一金・土にセール。９～19時、日曜休。		
ちえのわハウス	神奈川県小田原市国府津 ３-14-３	Tel&Fax 0465-49-6045 http://homepage1.nifty.com/odawara/
自然食品、野菜、フェアトレード商品、喫茶コーナーなど。10～18時、日曜祝日休。		
てくてく	長野県飯田市高羽町３-3-８	Tel 0265-53-5980　Fax 0265-53-5983 http://www.tekuteku.net/index.html
有機野菜や生活雑貨など。通販もあり、インターネットでも購入できる。11～19時、無休。		
みずすまし	新潟県三条市桜木町１-26	Tel&Fax 0256-33-7793
地元の旬の野菜、自然食品、フェアトレード商品など。９時半～18時半、日曜休。		
ヘルシーメイト	愛知県岡崎市柱曙１-10-11	Tel 0564-52-7000　Fax 0564-52-7119 http://www.healthymate.co.jp/
食品ほか、酒、雑貨など品ぞろえ豊富。10～19時（日曜10時半～18時半)、月曜休。		
椋乃里（むくのさと）	愛知県春日井市押沢台７-10-17	Tel 0568-91-0666　Fax 0568-91-4445
無農薬野菜、果物、調味料、健康食品など1500種類以上。10～18時（火曜は16時半)、無休。		
おからはうす	京都市右京区谷口円成寺町 17-10	Tel&Fax 075-462-3815
地場産や安全な材料のケーキ、小麦粉、バター、サラダ油、アーモンドなど。10～16時、日曜休。		

<table>
<tr><td>ムスビガーデン</td><td>大阪市中央区大手通２-２-７</td><td>Tel 06-6945-0618　Fax 06-6910-6237
http://www.macrobiotic.gr.jp/</td></tr>
<tr><td colspan="3">安心な農産物や自然素材の調味料など約1500種類。９～19時（土曜18時）、日曜祝日休。</td></tr>
<tr><td>自然館グリーン
プラザ店</td><td>大阪府高槻市紺屋町１-１
グリーンプラザ１号館B1</td><td>Tel 0726-81-1332　Fax 0726-85-0824</td></tr>
<tr><td colspan="3">よつ葉牛乳・バター、有機野菜・果物、パンなど関西よつ葉会の商品を扱う。</td></tr>
<tr><td>隗（KAY）</td><td>兵庫県伊丹市南本町３-３-２</td><td>Tel 0727-85-8650　Fax 0727-85-8647</td></tr>
<tr><td colspan="3">鹿児島や沖縄のイモ類やトロピカルフルーツが豊富。メインは卸。10～20時、日曜祝日休。</td></tr>
<tr><td>夢ひろば</td><td>兵庫県洲本市栄町２-１-20</td><td>Tel&Fax 0799-23-2341</td></tr>
<tr><td colspan="3">オリジナルブランドの醤油、野菜、無添加のお菓子、有機栽培米、石鹸。10～18時半、日曜休。</td></tr>
<tr><td>ひょうたん島</td><td>広島市東区牛田本町２-４-16</td><td>Tel&Fax 082-227-1689</td></tr>
<tr><td colspan="3">有機、低農薬野菜、果物、米、粉、調味料、牛乳など。10～19時（土曜祝日11～19時）、日曜休。</td></tr>
<tr><td>ちろりん村栗林（りつりん）店</td><td>香川県高松市栗林町３-10-24</td><td>Tel 087-837-2976　Fax 087-863-4755
http://www.niji.or.jp/chirorin</td></tr>
<tr><td colspan="3">無農薬野菜や国産もの約1000品目。宅配も。10～18時、無休。</td></tr>
<tr><td>香椎自然食品
センター</td><td>福岡市東区千早５-13-19</td><td>Tel&Fax 092-671-3534</td></tr>
<tr><td colspan="3">自然食品、調味料、お菓子の材料、オーガニックナッツ類など。10～18時半、日曜祝日休</td></tr>
<tr><td>ガイアみなまた</td><td>熊本県水俣市袋字陣原１-39</td><td>Tel 0966-62-0810　Fax 0966-62-0814</td></tr>
<tr><td colspan="3">甘夏マーマレードは手作りおやつに最適。あおさ佃煮、寒漬大根など。８時半～17時、日曜祝日休。</td></tr>
<tr><td>やさい村</td><td>鹿児島市吉野町2390-１</td><td>Tel&Fax 099-244-8061
http://www.rakuten.co.jp/yasaimura/</td></tr>
<tr><td colspan="3">体にやさしい食べ物。お勧めは梅干製品。食べ方のアドバイスも。10時半～18時半、日曜祝日休。</td></tr>
</table>

4　スーパー・チェーン店

<table>
<tr><td>よしや
（中板橋本店）</td><td>東京都板橋区中板橋16-10</td><td>Tel 03-3962-0448　Fax 03-3964-8434
http://www.yoshiya.co.jp/home.htm/</td></tr>
<tr><td colspan="3">無農薬野菜、天然酵母パン、有精卵、低温殺菌牛乳などの生鮮品や加工品。自然のおいしさと安全に留意した商品を多数そろえている。東京都＝大塚店、大谷口店、大山店、神楽坂店、常盤台店、仲宿店、早宮店、光が丘店、目白高田店、柳町店。</td></tr>
<tr><td>F&F（本部）</td><td>東京都目黒区平町１-26-16
栗山ビル4F</td><td>Tel 03-5731-5240　Fax 03-5731-5241</td></tr>
<tr><td colspan="3">自然食品、有機野菜、天然酵母パンなど。東京都＝梅ヶ丘店、学芸大学店、桜新町店、笹塚店、自由が丘店、等々力店、神奈川県＝日吉店、宮前平店。</td></tr>
<tr><td>健康ショップ
サニーマート（三鷹店）</td><td>東京都武蔵野市西久保
１-５-10</td><td>Tel 0422-53-7338　Fax 0422-53-7000</td></tr>
<tr><td colspan="3">無添加の自然食品や健康食品。東京都=新井薬師店、都立家政店、長原店、西永福店、東長崎店。</td></tr>
<tr><td>正直村（池袋店）</td><td>東武百貨店プラザ館B2</td><td>Tel 03-3984-1898
http://www.shojikimura.co.jp/</td></tr>
<tr><td colspan="3">牛乳、野菜、果物、加工品などの自然食材全般。無添加にこだわる。東京都＝上野店（松坂屋百貨店B1）、銀座店（松屋銀座店）、さくら村ストアー（浅草）、神奈川県＝横浜店（そごう百貨店B2）、青葉台店（レ・シ・ピ青葉台）、愛知県＝名古屋店（松坂屋本店本館B1）、大阪府＝高槻店（松坂屋百貨店B1）。</td></tr>
</table>

ナチュラルハウス（青山店）	東京都港区北青山３－６－18	Tel 03-3498-2277　Fax 03-5469-5245 http://www.naturalhouse.co.jp/
安心な野菜、果物、生鮮品、調味料など。心と体にやさしい生活を提案。青森県＝亀の甲店、埼玉県＝マルイファミリー志木店、千葉県＝柏高島屋店、東京都＝大泉学園店、大井阪急店、北千住店、錦糸町店、下北沢店、新宿高島屋店、成城店、ルミネ荻窪店、吉祥寺店、吉祥寺三越店、健康AN吉祥寺店、国分寺店、立川グランデュオ店、立川ルミネ店、多摩センター店、町田店、神奈川県＝横浜店、日吉店、溝口店、相模原店、静岡県＝静岡パルシェ店、京都府＝京都藤井大丸店、大阪府＝ギャレ大阪店、池田店、兵庫県＝神戸店、愛媛県＝松山店、高知県＝高知店。		
池栄青果こだわりや（営業部）	東京都豊島区東池袋３－15－７	Tel 03-5953-5331　Fax 03-3987-2758 http://www.kodawariichiba.corp http://www.buyers.ne.jp/ikeei/
有機野菜や国内産無添加食品（調味料・農水産乾物）など日常の食生活をまかなう800～1000アイテムの食材。埼玉県＝そごう川口店、新所沢パルコ店、武蔵浦和マーレ店、千葉県＝新浦安アトレ店、船橋西武百貨店、東京都＝池袋（ISP店、西武百貨店）、田無アスタ店、調布パルコ店、ひばりが丘パルコ店、神奈川県＝新横浜プリンスペペ店、川崎西武百貨店、相模大野ステーションスクエア、橋本ミィウィ。		
オーガニックマーケット　マザーズ（愛宕グリーンヒルズ店）	東京都港区虎の門３－21－５	Tel 03-5405-1339　Fax 03-5405-1399 http://www.mothers-net.co.jp
野菜・加工食品・肉・魚など2000アイテムをそろえる国内最大のオーガニックマーケット。東京都＝新宿伊勢丹店、多摩センター三越店、神奈川県＝市が尾東急VS店、港北東急SC店、たまプラーザ東急SC店、藤が丘店。		

5　国産小麦が手に入る店

江別製粉	北海道江別市緑町東３－91	Tel 011-383-2311　Fax 011-383-2315 ☎0120-41-5757
小麦粉、パスタ、うどんなど。通販も。北海道の肥沃な大地に育まれた小麦のおいしさを引き出す。９～17時、土・日曜祝日休。		
瀬戸内商事	北海道上川郡新得町西一条南５丁目	Tel 01566-4-4313　Fax 01566-4-4434
北海道産の小麦粉（強力粉、中力粉）、そば粉。地場の安心なものだけ。９～17時、土・日曜祝日休。		
東日本産業（株）	岩手県紫波郡紫波町犬渕字八地田116－７	Tel 019-676-4141　Fax 019-676-4150
岩手県産の南部小麦粉、全粒粉、国内産薄力粉など。８時半～17時、第2・4土曜・日曜祝日休。		
阿部製粉株式会社	福島県郡山市日和田町道場２－１	Tel 024-958-4157　Fax 024-958-2449 http://www.abnet.or.jp/abe-mills/
国内産100％小麦粉、福島産アオバ小麦（パン用）など。インターネットで小売も。8～17時、第2～4土曜・日曜祝日休。		
前田食品株式会社	埼玉県幸手市南１－７－25	Tel 0480-42-1226　Fax 0480-42-1227 http://www.maedasyokuhin.co.jp/
国産パン用粉、菓子用粉、うどん用粉、小麦胚芽、全粒粉、内麦100％乾麺など。全国発送。8～17時、第2・4土曜・日曜祝日休。		
緑風庵	埼玉県大里郡岡部町後榛沢147	Tel 048-585-0533 （注文・問合せは18～20時）
農林61号の全粒粉、精白粉。自分のところで作ったもの以外は販売しない。		
白鳥製粉株式会社	千葉県習志野市津田沼７－９－35	Tel 047-453-1157　Fax 047-453-1159
国産小麦粉、てんぷら用、ケーキ用、国内そば粉、タスマニアそば粉（完全無農薬）。小売も。９～17時、第1・3土曜・日曜祝日休。		

<table>
<tr><td>株式会社半鐘屋</td><td>岡山県津山市伏見町23</td><td>Tel 0868-22-5128　Fax 0868-22-1632
(通信販売センター☎0120-88-5128)</td></tr>
<tr><td colspan="3">上新粉、きな粉、薄力粉、強力粉、全粒粉、発芽玄米粉、唐きび粉、よもぎ粉末、発芽ハトムギ粉などすべて自社工場で製造。全国発送。8時半～18時、日曜祝日休。</td></tr>
<tr><td>福田製粉所</td><td>岡山県勝田郡勝北町坂上444</td><td>Tel＆Fax 0868-29-0672</td></tr>
<tr><td colspan="3">大麦粉（特許。世界でもここにしかない）がメインで、アトピー対応の雑穀もある。9～18時、日曜祝日休。</td></tr>
</table>

取材・作成　伊藤文子・片山文恵・河津由美子・高石洋子・高田幸代・コモンズ編集部

〈参考文献〉

朝日新聞学芸部『おばあちゃんのおやつ』朝日新聞社、1990年。

東佳子・田邊尚世・中島えつ子『卵・牛乳・油を使わないおやつ』ジャパンマシニスト社、2000年。

梅崎和子『アトピー料理BOOK』新泉社、1989年。

国民生活センター編『くらしの豆知識』国民生活センター、2000年。

自然食通信編集部編『いらっしゃい　いらっしゃい』自然食通信社、1994年。

成美堂出版編『スパイスの事典』成美堂出版、1996年。

荘安子『薬になる食べ物100選・100メニュー』徳間書店、1994年。

東京・食品安全ネットワーク編『安全な食べ物ガイド』家の光協会、1992年。

中城裕美『和菓子の本』雄鶏社、1991年。

日本紅茶協会監修『おいしい紅茶ティータイムブック』大泉書店、1995年。

根本悦子＋まともな食べ物と暮らしプロジェクト『まともな食べものガイド最新版第２次改訂』学陽書房、1997年。

増尾清『新食品添加物とつきあう法』農山漁村文化協会、1999年。

矢野さき子『天然酵母と国産小麦の和風パン』農山漁村文化協会、1993年。

山本道子『卵・乳製品を使わないケーキ』旭屋出版、2001年。

『食材図典』小学館、1995年。

『クロワッサン』特別編集「手作り食品２」マガジンハウス、1999年。

『子どもと健康』No.60「最新環境読本」労働教育センター、2000年。

『食べもの文化』９月号別冊「保育園の食事だより」芽ばえ社、2000年。

『食べもの文化』11月増刊号「子どもの好きなおやつ・お菓子大事典」芽ばえ社、1999年。

『ちいさい・おおきい・よわい・つよい』1995年８月号、ジャパンマシニスト社。

〈執筆者紹介〉
河津由美子（かわづ・ゆみこ）
1948年　東京都生まれ。
1972年　日本大学芸術学部卒業。
現　在　お菓子工房くうぷ主宰。アトピー・ステロイド情報センター会員。
お菓子作りは、子どものころからの趣味で、結婚後、本格的に習い始める。島津睦子先生に師事した後、中城裕美先生の和菓子教室、アトリエ・デ・ガトウに通う。ヘルシーで季節感のある和菓子にひかれて、いまは和菓子中心に勉強。簡単にできてヘルシーがモットー。読売文化センター八王子の和菓子講座、カルチャーセンターなどで教えている。
連絡先　〒193-0833 東京都八王子市めじろ台2-31-11
電話0426-65-2470　FAX0426-65-2434

〈シリーズ安全な暮らしを創る8〉
自然の恵みのやさしいおやつ

2001年11月10日●初版発行
2003年11月10日●3刷発行

著　者●河津由美子

発行者●大江正章
発行所●コモンズ

東京都新宿区下落合1―5―10―1002
☎03-5386-6972, FAX 03-5386-6945

振替・00110-5-400120

info@commonsonline.co.jp
http://www.commonsonline.co.jp/

企画・編集／高石洋子

印刷・製本／加藤文明社

乱丁・落丁はお取り替えいたします。

ISBN4-906640-45-1　C5077